詩卷之九

朱熹集傳

小雅二

雅者正也。正樂之歌也。其篇本有大小之殊。而先儒說又各有正變之別。以今考之。正小雅燕饗之樂也。正大雅會朝之樂受釐陳戒之辭也。故或歡欣和說。以盡羣下之情。或恭敬齊莊。以發先王之德。詞氣不同。音節亦異。多周公制作時所定也。及其變也。則事未必同。而各以其聲附之。其次序時世。則有不可考者矣。釋音 別必列反。朝音潮。釐音僖。說音悅。齊側皆反。

鹿鳴之什二之一

雅頌無諸國別。故以十篇爲一卷。而謂之什。猶軍法以十人爲什也。釋音 別必列反

呦呦音幽鹿鳴。叶音芒食野之苹。叶音旁我有嘉賓。鼓瑟吹笙。叶師莊反吹笙鼓簧。音黃承筐是將。人之好呼報反我。示我周行。叶戶郎反

興也。呦呦聲之和也。苹藾蕭也。青色白莖如筯。我主人也。賓所燕之客。或本國之臣。或諸侯之使也。瑟笙燕禮所用之樂也。簧笙中之簧也。承奉也。筐所以盛幣帛者也。將行也。奉

筐而行幣帛。飲則以酬賓送酒。食則以侑賓勸飽也。周行。大道也。古者於旅也語。故欲於此聞其言也。○此燕饗賓客之詩也。蓋君臣之分。以嚴為主。朝廷之禮。以敬為主。然一於嚴敬。則情或不通。而無以盡其忠告之益。故先王因其飲食來會。而制為燕饗之禮。以通上下之情。而其樂歌又以鹿鳴起興。而言其禮意之厚如此。庶乎人之好我。而示我以大道也。記曰。私惠不歸德。君子不自留焉。蓋其所望於羣臣嘉賓者。唯在於示我以大道。則必不以私惠為德而自留矣。嗚呼。此其所以和樂而不淫也與。

音釋

蘋音頻。使去聲。分扶問反。旅也語。鄉射記註。禮成樂備可以言語。蓋旅酬之際也

○呦呦鹿鳴。食野之蒿。我有嘉賓。德

音孔昭。叶則豪反視民不恌。他彫反叶音祧君子是則是傚。胡教反叶胡高反我有旨酒。嘉賓式燕以敖。牛刀反

興也。蒿。菣也。即青蒿也。孔。甚。昭。明也。視。與示同。恌。偷薄也。敖。游也。○言嘉賓之德音甚明。足以示民使不偷薄。而君子所當則傚。則亦不待言語之間。而其所以示我者深矣。

音釋

菣。去刃反

○呦呦鹿鳴。食野之芩。其今反我有嘉賓。鼓瑟鼓琴。鼓瑟鼓琴。和樂音洛且湛。都南反叶

我有旨酒以燕樂嘉賓之心持林反

興也。芩草名莖如釵股葉如竹蔓生。湛樂之久也。燕安也。○言安樂其心則非止養其體娛其外而已蓋所以致其殷勤之厚而欲其教示之無已也

鹿鳴三章章八句

按序以此爲燕羣臣嘉賓之詩而燕禮亦云工歌鹿鳴四牡皇皇者華即謂此也。鄉飲酒用樂亦然。而學記言大學始教宵雅肄三亦謂此三詩。然則又爲上下通用之樂矣。豈本爲燕羣臣嘉賓而作其後乃推而用之鄉人也與。然於朝曰君臣焉於燕曰賓主焉先王以禮使臣之厚於此見矣○范氏曰食之以禮樂之以樂將之以實求之以誠此所以得其心也賢者豈以飲食幣帛爲悅哉夫婚姻不備則貞女不行也禮樂不備則賢者不處也。賢者不處則豈得樂而盡其心乎

音釋 本爲之爲于僞反。食之之食音嗣。樂之樂而之樂音洛。夫音扶。

宵雅小雅也

四牡騑騑芳非反周道倭遲於危反豈不懷歸。王事靡盬音古我心傷悲

賦也。騑騑行不止之貌。周道大路也。倭遲回遠之貌。盬不堅固也○此勞使臣之詩也夫君之使臣臣之事君禮也。故爲臣者奔走於王事特以盡其職分之所當爲而已何敢自

以爲勞哉。然君之心則不敢以是而自安也故燕饗之際。敘其情以閔其勞。言駕此四牡而出使於外。其道路之回遠如此。當是時豈不思歸乎。特以王事不可以不堅固。不敢徇私以廢公。是以內顧而傷悲也。臣勞於事而不自言。君探其情而代之言。上下之間可謂各盡其道矣。傳曰。思歸者私恩也。靡盬者公義也。傷悲者情思也。無私恩非孝子也。無公義非忠臣也。君子不以私害公。不以家事辭王事。范氏曰。臣之事上也。必先公而後私。君之勞臣也。必先恩而後義。【音釋】勞使臣之勞。郎到反。勞使出使之使。去聲。情思之思。去聲

○四牡騑騑。嘽嘽他丹反駱音洛馬。叶滿補反豈不懷歸。王事靡盬。不遑啓處

賦也。嘽嘽。衆盛之貌。白馬黑鬣曰駱。遑。暇。啓。跪。處。居也

○翩翩音篇篇者鵻。當作隹。朱惟反載飛載下。叶後五反集于苞栩。況甫反王事靡盬。不遑將父。扶雨反

興也。翩翩。飛貌。鵻。夫不也。今鵓鳩也。凡鳥之短尾者皆隹屬。將。養也。○翩翩者鵻。猶或飛或下。而集於所安之處。今使人乃勞苦於外而不遑養其父。此君人者所以不能自安。而深以爲憂也。范氏曰。忠臣孝子之行役。未嘗不念其親。君之使臣。豈待其勞苦而自傷哉亦憂其憂。如己而已矣。此聖人所以感人心也。【音釋】夫。方于反。不。方浮反。又如字。亦雅作鳺鴀。音同。養。以尚反

○翩翩者鵻。載飛載止。集于苞杞。音起王事靡盬。不遑將母。叶滿彼反

興也。杞。枸檵也。音釋枸檵。音苟計。即枸杞本草。其根名地骨

○駕彼四駱。載驟助救反駸駸。侵寢二音豈不懷歸。是用作歌。將母來諗。深審二音

賦也。駸駸。驟貌。諗。告也。以其不獲養父母之情而來告於君也。非使人作是歌也。設言其情以勞之耳。獨言將母者。因上章之文也。音釋養。使。勞。並去聲

四牡五章。章五句

按序言此詩所以勞使臣之來。甚協詩意。故春秋傳亦云。而外傳以為章使臣之勤。所謂使臣。雖叔孫之自稱。亦正合其本事也。但儀禮又以為上下通用之樂。疑亦本為勞使臣而作。其後乃移以他用耳。音釋勞使本為之為去聲

○皇皇者華。芳無反。與夫叶于彼原隰。駪駪所巾反征夫。每懷靡及。

興也。皇皇。猶煌煌也。華。草木之華也。高平曰原。下濕曰隰。駪駪。衆多疾行之貌。征夫。使臣與其屬也。懷。思也。○此遣使臣之詩也。君之使臣。固欲其宣上德而達下情。而臣之受命。亦惟恐其無以副君之意也。故先王之遣使臣也。美其行道之勤。而述其心之所懷曰。彼

煌煌之華。則于彼原隰矣。此駪駪然之征夫。則其所懷思常若有所不及矣。蓋亦因以爲戒。然其辭之婉而不迫如此。詩之忠厚亦可見矣。

○我馬維駒。恭于恭侯二反 六轡如濡。如朱如由二反 載馳載驅。虧于虧由二反 周爰咨諏。子須子侯二反

賦也。如濡。鮮澤也。周。徧。爰。於也。咨諏。訪問也。○使臣自以每懷靡及。故廣詢博訪以補其不及而盡其職也。程子曰。咨訪。使臣之大務。

○我馬維騏。音其 六轡如絲。叶新齊反 載馳載驅。周爰咨謀。叶莫悲反

賦也。如絲。調忍也。謀。猶諏也。變文以協韻耳。下章放此。音釋 忍。音刃。如絲。調直也。

○我馬維駱。音洛 六轡沃若。烏毒反 載馳載驅。周爰咨度。待洛反

賦也。沃若。猶如濡也。度。猶謀也。

○我馬維駰。音因 六轡既均。載馳載驅。周爰咨詢。

賦也。陰白雜毛曰駰。均。調也。詢。猶度也。

皇皇者華五章章四句

按序以此詩爲君遣使臣。春秋內外傳皆云君教使臣。其說已見前篇。儀禮亦見鹿鳴。疑亦本爲遣使臣而作。其後乃移以他用也。然叔孫穆子所謂君教使臣曰每懷靡及。諏謀度詢必咨於周。敢不拜教。可謂得詩之意矣。范氏曰。王者遣使於四方。教之以咨諏善道。將以廣聰明也。夫臣欲助其君之德。必求賢以自助。故臣能從善。則可以善君矣。臣能聽諫。則可以諫君矣。未有不自治而能正君者也。【音釋】本爲之爲。去聲。夫音扶

常棣之華。鄂五各反不韡韡韋鬼反。凡今之人。莫如兄弟待禮反

興也。常棣。棣也。子如櫻桃可食。鄂。鄂然外見之貌。不。猶豈不也。韡韡。光明貌。○此燕兄弟之樂歌。故言常棣之華。則其鄂然而外見者豈不韡韡乎。凡今之人。則豈有如兄弟者乎

○死喪之威。兄弟孔懷叶胡威反。原隰裒薄侯反矣。兄弟求矣

賦也。威。畏。懷。思。裒。聚也。○言死喪之禍。他人所畏惡。惟兄弟爲相恤耳。至於積尸裒聚於原野之間。亦惟兄弟爲相求也。此詩蓋周公既誅管蔡而作。故此章以下專以死喪急難鬪鬩之事爲言。其志切。其情哀。乃處兄弟之變。如孟子所謂其兄關弓而射之。則已垂涕泣而道之者。序以爲閔管蔡之失道者得之而又以爲文武之詩。則誤矣。大抵舊說詩之

時世皆不足信。舉此自相矛盾者以見其一端。後不能悉辨也。【音釋】惡。烏故反。關。烏還反。射。音石。脣。食準反。

○脊(井益反)令(音零)在原。兄弟急難(叶泥沿反)。每有良朋。況也永歎(吐丹反。叶他涓反)。

興也。脊令。雝渠。水鳥也。況。發語詞。或曰當作怳。○脊令飛則鳴。行則搖。有急難之意。故以起興。而言當此之時。雖有良朋。不過爲之長歎息而已。力或不能相及也。東萊呂氏曰。疏其所親。而親其所疏。此失其本心者也。故此詩反覆言朋友之不如兄弟。蓋示之以親疏之分。使之反循其本也。本心既得。則由親及疏。秩然有序。兄弟之親既篤。朋友之義亦敦矣。初非薄於朋友也。苟雜施而不孫。雖曰厚於朋友。如無源之水。朝滿夕除。胡可保哉。或曰。人之在難。朋友亦可以坐視與。曰每有良朋。況也永歎。則非不憂憫。但視兄弟急難爲有差等耳。詩人之詞。容有抑揚。然常棣周公作也。聖人之言。小大高下皆宜。而前後左右不相悖。【音釋】爲。去聲。分。扶問反。孫。音遜。難。去聲。五章同。

○兄弟鬩(許歷反)于牆。外禦其務(春秋傳作侮。罔甫反)。每有良朋。烝(之承反)也無戎(叶而主反)。

賦也。鬩。鬭狠也。禦。禁也。烝。發語聲。戎。助也。○言兄弟設有不幸鬭狠於內。然有外侮。則同心禦之矣。雖有良朋。豈能有所助乎。富辰曰。兄弟雖有小忿。不廢懿親。

○喪亂既平。既安且寧。雖有兄弟。不如友生。叶桑經反

賦也。上章言患難之時兄弟相救。非朋友可比。此章遂言安寧之後乃有視兄弟不如友生者。悖理之甚也

○儐賓胤反爾籩豆。飲酒之飫。於慮反兄弟既具。和樂音洛且孺。

賦也。儐。陳。飫。饜。具。俱也。孺。小兒之慕父母也。○言陳籩豆以醉飽。而兄弟有不具焉。則無與共享其樂矣

○妻子好呼報反合。如鼓瑟琴。兄弟既翕。許及反和樂且湛。答南反叶持林反

賦也。翕。合也。○言妻子好合。如琴瑟之和。而兄弟有不合焉。則無以久其樂矣

○宜爾室家。叶古胡反樂爾妻帑。音奴是究是圖。亶其然乎。就用乎字爲韻

賦也。帑。子。究。窮。圖。謀。亶。信也。○宜爾室家者。兄弟具而後樂且孺也。樂爾妻帑者。兄弟翕而後樂且湛也。兄弟於人。其重如此。試以是究而圖之。豈不信其然乎。東萊呂氏曰。告人以兄弟之當親。未有不以爲然者也。苟非是究是圖。實從事於此。則亦未有誠知其然者

也。不誠知其然。則所知者。特其名而已矣。凡學蓋莫不然。

常棣八章章四句

此詩首章略言至親莫如兄弟之意。次章乃以意外不測之事言之。以明兄弟之情其切如此。三章但言急難則淺於死喪矣。至於四章則又以其情義之甚薄而猶有所不能已者言之。其序若曰。不待死喪然後相收。但有急難便當相助。言又不幸而至於或有小忿。猶必共禦外侮。其所以言之者雖若益輕以約。而所以著夫兄弟之義者益深且切矣。至於五章遂言安寧之後乃謂兄弟不如友生。則是至親反以為路人。而人道或幾乎息矣。故下兩章乃復極言兄弟之恩異形同氣。死生苦樂無適而不相須之意。卒章又申告之。使反覆窮極而驗其信然。可謂委曲漸次。說盡人情矣。讀者宜深味之。

音釋

樂音洛。復扶又反。

伐木丁丁陟耕反。鳥鳴嚶嚶於耕反。出自幽谷。遷于喬木。嚶其鳴矣。求其友聲。相息亮反彼鳥矣。猶求友聲。矧伊人矣。不求友生叶桑經反。神之聽之。終和且平。

興也。丁丁。伐木聲。嚶嚶。鳥聲之和也。幽。深。遷。升。喬。高。相。視。矧。況也。○此燕朋友故舊之樂歌。故以伐木之丁丁。興鳥鳴之嚶嚶。而言鳥之求友。遂以鳥之求友。喻人之不可無友也。

[illegible]

[illegible]

人能篤朋友之好則神之聽之終和且平矣。

音釋 好呼報反 友聲應聲也。

○伐木許許（呼古反）釃（所宜反）酒有藇（象呂反）既有肥羜（直呂反）以速諸父（扶雨反）寧適不來微我弗顧（叶居五反）於（音烏）粲洒（所懈反）埽（蘇報反叶蘇吼反）陳饋八簋（叶巳有反）既有肥牡以速諸舅（其九反）寧適不來微我有咎（其九反）

興也。許許衆人共力之聲。淮南子曰。舉大木者呼邪許。蓋舉重勸力之歌也。釃酒者。或以筐。或以草。泲之而去其糟也。禮所謂縮酌用茅是也。藇美貌。羜未成羊也。速召也。諸父朋友之同姓而尊者也。微無。顧念也。於歎辭。粲鮮明貌。八簋器之盛也。諸舅朋友之異姓而尊者也。先諸父而後諸舅者。親疏之殺也。咎過也。○言具酒食以樂朋友如此。寧使彼適有故而不來。而無使我恩意之不至也。孔子曰。所求乎朋友先施之未能也。此可謂能先施矣。

音釋 邪余遮反。泲子禮反。去起呂反。縮酌用茅。泲之以茅去滓也。如今人或以器或以布帛去酒滓。然想古人不用布帛。故用茅。殺所界反。樂音洛。下章同

○伐木于阪（叶孚臠反）釃酒有衍（叶[illegible]）籩豆有踐（叶在演反）兄弟無遠民之失德乾餱（音侯）以愆（叶起淺反）有酒湑（思呂反）我無酒酤（音古）我坎坎鼓（叶[illegible]）

[illegible] 釋音 [illegible]

○伐木許許，釃酒有藇。既有肥羜，以速諸父。寧適不來，微我弗顧。於粲洒埽，陳饋八簋。既有肥牡，以速諸舅。寧適不來，微我有咎。

賦也。許許，衆人共力之聲。淮南子曰，舉大木者呼邪許，蓋舉重勸力之歌也。釃，以筐曰釃，以藪曰湑。藇，美貌。羜，未成羊也。速，召也。諸父，朋友之同姓而尊者也。微，無。顧，念也。於，歎辭。粲，鮮明貌。八簋，器之盛也。諸舅，朋友之異姓而尊者也。先諸父而後諸舅者，親疎之殺也。咎，過也。言具酒食以樂朋友如此，寧使彼適有故而不來，而無使我恩意之不至也。孔子曰，所求乎朋友，先施之，未能也。此可謂能先施矣。

釋音 [illegible]

[illegible]

○伐木于阪，釃酒有衍。籩豆有踐，兄弟無遠。民之失德，乾餱以愆。有酒湑我，無酒酤我。[illegible]

我蹲蹲七旬反舞我。迨音待我暇叶後五反矣。飲此湑矣

興也。衍，多也。踐，陳列貌。兄弟，朋友之同儕者。無遠，皆在也。先諸舅而後兄弟者，尊卑之等也。乾餱，食之薄者也。愆，過也。湑，亦釃也。酤，買也。坎坎，擊鼓聲。蹲蹲，舞貌。迨，及也。○言人之所以至於失朋友之義者，非必有大故，或但以乾餱之薄不以分人，而至於有愆耳。故我於朋友，不計有無，但及閒暇則飲酒以相樂也。

伐木三章，章十二句

劉氏曰：此詩每章首輒云伐木，凡三云伐木，故知當為三章。舊作六章，誤矣。今從其說正之

天保定爾，亦孔之固。俾爾單音丹厚，何福不除直慮反。俾爾多益，以莫不庶。

賦也。保，安也。爾，指君也。固，堅。單，盡也。除，除舊而生新也。庶，衆也。○人君以鹿鳴以下五詩燕其臣，臣受賜者歌此詩以答其君。言天之安定我君，使之獲福如此也。

○天保定爾，俾爾戩子淺反穀。罄無不宜。受天百祿，降爾遐福，維日不足。

賦也。聞人氏曰：戩與翦同，盡也。穀，善也。盡善云者，猶其曰單厚多益也。罄，盡。遐，遠也。爾有

以受天之祿矣。而又降爾以福。言天人之際交相與也。書所謂昭受上帝天其申命用休語意正如此。

〇天保定爾。以莫不興。如山如阜。如岡如陵。如川之方至。以莫不增。

賦也。興。盛也。高平曰陸。大陸曰阜。大阜曰陵。皆高大之意。川之方至。言其盛長之未可量也。

〇吉蠲古玄反為饎。尺志反是用孝享。叶虛良反禴餘若反祠烝嘗。于公先王。君曰卜爾。萬壽無疆。

賦也。吉。言諏日擇士之善。蠲。言齊戒滌濯之潔。饎。酒食也。享。獻也。宗廟之祭。春曰祠。夏曰禴。秋曰嘗。冬曰烝。公。先公也。謂后稷以下至公叔祖類也。先王。大王以下也。君。通謂先公先王也。卜。猶期也。此尸傳神意以嘏主人之詞。文王時周未有曰先王者。此必武王以後所作也。

〇神之弔都歷反矣。詒以之反爾多福。叶筆力反民之質矣。日用飲食。群黎百姓。徧為爾德。

賦也。弔。至也。神之至矣。猶言祖考來格也。詒。遺。質。實也。言其質實無偽。日用飲食而已。群

衆也。黎黑也。猶秦言黔首也。百姓庶民也。爲爾德者言則而象之。猶助爾而爲德也

○如月之恒（胡登反）如日之升。如南山之壽不騫（起虔反）不崩。如松柏之茂。無不爾或承

賦也。恒弦。升出也。月上弦而就盈。日始出而就明。騫虧也。承繼也。言舊葉將落而新葉已生。相繼而長茂也

天保六章章六句

采薇采薇。薇亦作（叶則故反）止。曰歸曰歸。歲莫（音暮）止。靡室靡家（叶古乎反）。玁（音險）狁（音允）之故。不遑啓居。玁狁之故

此章作與莫故叶。薇與歸叶。家又與居叶

興也。薇菜名。作生出地也。莫晚。靡無也。玁狁北狄也。遑暇。啓跪也。○此遣戍役之詩。以其出戍之時。采薇以食。而念歸期之遠也。故爲其自言而以采薇起興曰。采薇采薇。則薇亦作止矣。曰歸曰歸。則歲亦莫止矣。然凡此所以使我舍其室家而不暇啓居者。非上之人故爲是以苦我也。直以玁狁侵陵之故。有所不得已而然耳。蓋叙其勤苦悲傷之情。而又戚以義也。程子曰。毒民不由其上。則人懷敵愾之心矣。又曰。古者戍役兩朞而還。今年春莫行。明年夏代者至。復留備秋。至過十一月而歸。又明年中春至。春暮遣次戍者。每秋與

冬初、南畜戍者皆在疆圉，如今之防秋也。【音釋】舍始野反。風福鳳反。愾口慨反。復扶又反。中。音仲。防秋，宋遣戍之名。

○采薇采薇。薇亦柔止。曰歸曰歸。心亦憂止。憂心烈烈。載飢載渴。叶巨烈反我戍未定。靡使歸聘。

興也。柔，始生而弱也。烈烈，憂貌。載，則也。定，止。聘，問也。○言戍人念歸期之遠，而憂勞之甚。然戍事未已，則無人可使歸而問其室家之安否也。

○采薇采薇。薇亦剛止。曰歸曰歸。歲亦陽止。王事靡盬。不遑啓處。憂心孔疚。叶訖力反我行不來。

興也。剛，既成而剛也。陽，十月也。時純陰用事，嫌於無陽，故名之曰陽月也。孔，甚。疚，病也。來，歸也。此見士之竭力致死，無還心也。

○彼爾維何。維常之華。芳無、胡瓜二反彼路斯何。君子之車。斤於、尺奢二反戎車既駕。四牡業業。豈敢定居。一月三捷。

興也。爾，華盛貌。常，常棣也。路，戎車也。君子，謂將帥也。業業，壯也。捷，勝也。○彼爾然而盛者

常棣之華也。彼路車者，君子之車也。戎車既駕而四牡盛矣，則何敢以定居乎。庶乎一月之間三戰而三捷爾。

○駕彼四牡，四牡騤騤。（求龜反）君子所依，小人所腓。（符非反）四牡翼翼，象弭（弥氏反）魚服。（叶蒲北反）豈不日戒，（叶訖力反）玁狁孔棘。

賦也。騤騤，强也。依，猶乘也。腓，猶芘也。程子曰：腓，隨動也。如足之腓，足動則隨而動也。翼翼，行列整治之狀。象弭，以象骨飾弓弰也。魚，獸名，似猪，東海有之，其皮背上斑文，腹下純青。可為弓鞬矢服也。戒，警。棘，急也。○言戎車者，將帥之所依乘，戍役之所芘倚。且其行列整治，而器械精好如此，豈不日相警戒乎。玁狁之難甚急，誠不可以忘備也。

【音釋】行，音杭。弰，師交反，弓末也。鞬，居言反，弓衣也。難，去聲。

○昔我往矣，楊柳依依。今我來思，雨（于付反）雪霏霏。（芳菲反）行道遲遲，載渴載飢。我心傷悲，莫知我哀。（叶於希反）

賦也。楊柳，蒲柳也。霏霏，雪甚貌。遲遲，長遠也。○此章又設為役人預自道其歸時之事，以見其勤勞之甚也。程子曰：此皆極道其勞苦憂傷之情也。上能察其情，則雖勞而不怨，雖憂而能勵矣。范氏曰：予於采薇，見先王以人道使人。後世則牛羊而已矣。

采薇六章章八句

我出我車于彼牧(叶莫狄反)矣自天子所謂我來矣召彼僕夫謂之載(叶節力反)矣王事多難(乃旦反)維其棘矣

賦也。牧。郊外也。自。從也。天子。周王也。僕夫。御夫也。○此勞還率之詩。追言其始受命出征之時。出車於郊外而語其人曰。我受命於天子之所而來。於是乎召僕夫使之載其車以行。而戒之曰。王事多難。是行也不可以緩矣

音釋 勞郎到反。還音旋。率與帥同。語去聲。難乃旦反

○我出我車于彼郊(叶音高)矣設此旐(音兆)矣建彼旄(音毛)矣彼旟(音餘)旐斯胡不旆旆(叶蒲寐反)憂心悄悄僕夫況瘁(似醉反)

賦也。郊在牧內。蓋前軍已至牧。而後軍猶在郊也。設。陳也。龜蛇曰旐。建。立也。旄。注旄於旗干之首也。鳥隼曰旟。鳥隼龜蛇。曲禮所謂前朱雀而後玄武也。楊氏曰。師行之法。四方之星各隨其方以為左右前後。進退有度。各司其局。則士無失伍離次矣。旆旆。飛揚之貌。悄悄。憂貌。況。兹也。或云當作怳。○言出車在郊。建設旗幟。彼旗幟者豈不旆旆而飛揚乎。但將帥方以任大責重為憂。而僕夫亦為之恐懼而憔悴耳。東萊呂氏曰。古者出師以喪禮

馭之。命下之日。士皆泣涕。夫子之言行三軍。亦曰臨事而懼。皆此意也。

○王命南仲。往城于方。出車彭彭。叶鋪郎反旂旐央央。於良反天子命我。城彼朔方。赫赫南仲。玁狁于襄。

賦也。王。周王也。南仲。此時大將也。方。朔方。今靈夏等州之地。彭彭。衆盛貌。交龍爲旂。此所謂左青龍也。央央。鮮明也。赫赫。威名光顯也。襄。除也。或曰。上也。與懷山襄陵之襄同。言勝之也。○東萊呂氏曰。大將傳天子之命以令軍衆。於是車馬衆盛。旂旐鮮明。威靈氣焰赫然動人矣。兵事以哀敬爲本。而所尚則威。二章之戒懼。三章之奮揚。並行而不相悖也。程

子曰。城朔方而玁狁之難除。禦戎狄之道。守備爲本。不以攻戰爲先也。

○昔我往矣。黍稷方華。叶芳無反今我來思。雨于付反雪載塗。王事多難。不遑啓居。豈不懷歸。畏此簡書。

賦也。華。盛也。塗。凍釋而泥塗也。簡書。戒命也。鄰國有急。則以簡書相戒命也。或曰。簡書。策命臨遣之詞也。○此言其旣歸在塗而本其往時所見。與今還時所遭。以見其出之久也。東萊呂氏曰。采薇之所謂往。遣戍時也。此詩之所謂往。在道時也。采薇之所謂來。戍畢時也。此詩之所謂來。歸而在道時也。

○喓喓（於遥反）草蟲。趯趯（他立反）阜螽。未見君子。憂心忡忡（敕中反）。既見君子。我心則降。（戶江反。叶胡攻反）赫赫南仲。薄伐西戎。

賦也。此言將帥之出征也。其室家感時物之變而念之。以爲未見而憂之如此。必既見然後心可降耳。然此南仲今何在乎。方往伐西戎而未歸也。豈既卻玁狁。而還師以伐昆夷也與。薄之爲言聊也。蓋不勞餘力矣。

○春日遲遲。卉（許貴反）木萋萋（七西反）。倉庚喈喈（音皆。叶居奚反）。采蘩祁祁（巨移反）。執訊（音信）獲醜。薄言還（音旋）歸。赫赫南仲。玁狁于夷。

賦也。卉草也。萋萋盛貌。倉庚黃鸝也。喈喈聲之和也。訊其魁首當訊問者也。醜徒衆也。夷平也。○歐陽氏曰。述其歸時春日暄妍。草木榮茂。而禽鳥和鳴。於此之時。執訊獲醜而歸。豈不樂哉。鄭氏曰。此詩亦伐西戎。獨言平玁狁者。玁狁大故。以爲始以爲終。

出車六章章八句

有杕（大計反）之杜。有睆（華板反）其實。王事靡盬。繼嗣我日。日月陽止。女心傷止。征夫遑止。

賦也。睆，實貌。嗣，續也。陽，十月也。遑，暇也。○此勞還役之詩。故追述其未還之時，室家感於時物之變，而思之曰：特生之杜，有睆其實，則秋冬之交矣。而征夫以王事出，乃以日繼日而無休息之期。至于十月可以歸，而猶不至。故女心悲傷，而曰征夫亦可以暇矣，曷爲而不歸哉。或曰興也。下章倣此。【音釋】勞，去聲。還音旋。

○有杕之杜，其葉萋萋。王事靡盬，我心傷悲。卉木萋止，女心悲止，征夫歸止。

賦也。萋萋，盛貌。春將暮之時也。歸止，可以歸也。

○陟彼北山，言采其杞。王事靡盬，憂我父母。叶滿洧反 檀車幝幝，尺善反 四牡痯痯，古緩反，叶古轉反 征夫不遠。

賦也。檀木堅，宜爲車。幝幝，敝貌。痯痯，罷貌。○登山采杞，則春已暮，而杞可食矣。蓋託以望其君子，而念其以王事詒父母之憂也。然檀車之堅而敝矣，四牡之壯而罷矣，則征夫之歸亦不遠矣。【音釋】罷音皮。

○匪載匪來，叶立直反 憂心孔疚。叶訖立反 期逝不至，叶朱力反 而多爲恤。卜筮偕止，叶舉里反 會言近

止。征夫邇止叶渠紀反

賦也。載。裝。疚。病。逝。往。恤。憂。偕。俱。會。合也。○言征夫不裝載而來歸。固已使我念之而甚病矣。況歸期已過而猶不至。則使我多爲憂恤宜如何哉。故且卜且筮相襲俱作。合言於繇而皆曰近矣。則征夫其亦邇而將至矣。范氏曰。以卜筮終之。言思之切而無所不爲也

杕杜四章章七句

鄭氏曰。遣將帥及戍役。同歌同時。欲其同心也。反而勞之。異歌異日。殊尊卑也。記曰。賜君子小人不同日。此其義也。王氏曰。出而用兵。則均服同食。一衆心也。入而振旅。則殊尊卑辨貴賤。定衆志也。范氏曰。出車勞率。故美其功。杕杜勞衆。故極其情。先王以己之心爲人之心。故能曲盡其情。使民忘其死以忠於上也

音釋　將。帥。勞。並去聲

南陔

此笙詩也。有聲無詞。舊在魚麗之後。以儀禮考之。其篇次當在此。今正之。說見華黍

鹿鳴之什十篇一篇無辭。凡四十六章二百九十七句

白華之什二之二

毛公以南陔以下三篇無辭故升魚麗以足鹿鳴什數而附笙詩三篇於其後因以南有嘉魚爲次什之首今悉依儀禮正之

白華

笙詩也說見上下篇

華黍

亦笙詩也鄉飲酒禮鼓瑟而歌鹿鳴四牡皇皇者華然後笙入堂下磬南北面立樂南陔白華華黍燕禮亦鼓瑟而歌鹿鳴四牡皇皇者華然後笙入立于縣中奏南陔白華華黍南陔以下今無以考其名篇之義然曰笙曰樂曰奏而不言歌則有聲而無詞明矣所以知其篇第在此者意古經篇題之下必有譜焉如投壺魯鼓薛鼓之節而亡之耳

魚麗（力馳反）于罶（音柳與酒叶）鱨（音常）鯊（音沙叶蘇何反）君子

有酒旨且多

興也麗歷也罶以曲薄爲笱而承梁之空者也鱨揚也今黃頰魚是也似燕頭魚身形厚而長大頰骨正黃魚之大而有力解飛者鯊鮀也魚狹而小常張口吹沙故又名吹沙君子指主人旨且多旨而又多也○此燕饗通用之樂歌即燕饗所薦之羞而極道其美且多見主人禮意之勤以優賓也或曰賦也下二章放此

音釋　空音孔解下賣反鮀徒何

反

○魚麗于罶。魴鱧音禮君子有酒。多且旨

興也。鱧。鮦也。鮦音同。又直壟反。又曰鯇也。[釋音]鯇戶板戶本二反

○魚麗于罶。鰋音偃鯉。君子有酒。旨且有叶羽已反

興也。鰋。鮎也。有猶多也。

○物其多矣。維其嘉叶居何反矣

賦也。

○物其旨矣。維其偕叶舉里反矣

賦也。

○物其有叶羽已反矣。維其時叶上紙反矣

賦也。蘇氏曰。多則患其不嘉。旨則患其不齊。有則患其不時。今多而能嘉。旨而能齊。有而能時。言曲全也。

魚麗六章。三章章四句。三章章二句。

按儀禮鄉飲酒及燕禮前樂既畢。皆間歌魚麗笙由庚。歌南有嘉魚笙崇丘。歌南山有臺笙由儀。間代也。言一歌一吹也。然則此六者蓋一時之詩。而皆爲燕饗賓客上下通用之樂。毛公分魚麗以足前什。而說者不察。遂分魚麗以上爲文武詩。嘉魚以下爲成王詩。其失甚矣【音釋】間。音諫

由庚

此亦笙詩。說見魚麗

南有嘉魚。烝（之承反）然罩罩。（不教竹卓二反）君子有酒。嘉賓式燕以樂（五教歷各二反）

興也。南謂江漢之間。嘉魚鯉質鱒鯽肌。出於沔南之丙穴。烝然發語聲也。罩罩篧也。編細竹以罩魚者也。重言罩罩非一之詞也。○此亦燕饗通用之樂。故其辭曰。南有嘉魚。則必烝然而罩罩之矣。君子有酒。則必與嘉賓共之。而式燕以樂矣。此亦因所薦之物。而道達主人樂賓之意也【音釋】鱒。徂本反　篧。助角反

○南有嘉魚。烝然汕汕（所諫反）君子有酒。嘉賓式燕以衎（苦旦反）

興也。汕。樔也。以薄汕魚也。衎。樂也【音釋】樔。側交反

○南有樛（居虯反）木。甘瓠（音護）纍（力追反）之。君子

有酒。嘉賓式燕綏之

興也。○東萊呂氏曰。瓠有甘有苦。甘瓠則可食者也。樛木下垂而美實纍之。固結而不可解也。愚謂此興之取義者。似比而實興也

○翩翩者鵻（之誰反）烝然來（叶六直陵之二反）思。君子有酒。嘉賓式燕又（叶夷益反。或如字）思

興也。此興之全不取義者也。思。語辭也。又。既燕而又燕。以見其至誠有加而無已也。或曰。又思。言其又思念而不忘也

南有嘉魚四章章四句

說見魚麗

崇丘

說見魚麗

南山有臺（叶田飴反）北山有萊（叶陵之反）。樂（音洛）只（音紙）君子。邦家之基。樂只君子。萬壽無期

興也。臺。夫須。即莎草也。萊。草名。葉香可食者也。君子。指賓客也。○此亦燕饗通用之樂。故其辭曰。南山則有臺矣。北山則有萊矣。樂只君子。則邦家之基矣。樂只君子。則萬壽無期矣。所以道達主人尊賓之意。美其德而祝其壽也

○南山有桑北山有楊樂只君子邦家之光樂只君子萬壽無疆

興也

○南山有杞北山有李樂只君子民之父母（叶滿彼反）樂只君子德音不已

興也○杞樹如樗一名狗骨

○南山有栲（音考叶音口）北山有杻（女九反）樂只君子遐不眉壽（叶直酉反）樂只君子德音是茂（叶莫口反）

興也○栲山樗杻檍也遐何通眉壽秀眉也

○南山有枸（俱甫反）北山有楰（音庾）樂只君子遐不黃耇（音苟叶果五反）樂只君子保艾（五蓋反）爾後（叶下五反）

興也○枸枳枸樹高大似白楊有子著枝端大如指長數寸噉之甘美如飴八月熟亦名木蜜楰鼠梓樹葉木理如楸亦名苦楸黃老人髮復黃也耇老人面凍棃色如浮垢也保安艾養也

南山有臺五章章六句

說見魚麗

由儀

說見魚麗

蓼音六彼蕭斯零露湑息呂反兮。既見君子。我心寫叶想羽反兮。燕笑語兮。是以有譽處兮

興也。蓼長大貌。蕭蒿也。湑湑然蕭上露貌。君子指諸侯也。寫輸寫也。燕謂燕飲。譽善聲也。處安樂也。蘇氏曰。譽豫通。凡詩之譽皆言樂也。亦通○諸侯朝于天子。天子與之燕以示慈惠。故歌此詩。言蓼彼蕭斯則零露湑然矣。既見君子則我心輸寫而無留恨矣。是以燕笑語而有譽處也。其曰既見。蓋於其初燕而歌之也。

○蓼彼蕭斯。零露瀼瀼如羊反。既見君子。爲龍爲光。其德不爽叶師莊反。壽考不忘

興也。瀼瀼露蕃貌。龍寵也。爲龍爲光。喜其德之詞也。爽差也。其德不爽則壽考不忘矣。褒美而祝頌之。又因以勸戒之也

○蓼彼蕭斯。零露泥泥乃禮反。既見君子。

孔燕豈弟。宜兄宜弟(待禮反)令德壽豈(開改反叶去禮反)

興也。泥泥。露濡貌。孔。甚。豈。樂。弟。易也。宜兄弟。猶曰宜其家人。蓋諸侯繼世而立。多疑忌其兄弟。如晉詛無畜羣公子。秦鍼懼選之類。故以宜其兄弟美之。亦所以警戒之也。壽豈壽而且樂也。

〖音釋〗左傳宣二年。初驪姬之亂。詛無畜羣公子。自是晉無公族。昭元年。秦伯之弟鍼出奔晉。左傳。秦后子有寵於桓。如二君於景。其母曰。弗去懼選。鍼適晉。鍼。其廉反。蓋鍼桓公之子。景公之弟也。桓公愛之。史記謂富而或譖之。恐誅乃奔。選。數也。恐數其罪而加戮也

○蓼彼蕭斯。零露濃濃(奴同反)。既見君子。鞗(徒彫反)革沖沖(敕弓反)。和鸞雝雝。萬福攸同

興也。濃濃。厚貌。鞗。轡也。革。轡首也。馬轡所把之外。有餘而垂者也。沖沖。垂貌。和。鸞。皆鈴也。在軾曰和。在鑣曰鸞。皆諸侯車馬之飾也。庭燎亦以君子目諸侯。而稱其鸞旂之美。正此類也。攸。所。同。聚也。

蓼蕭四章。章六句

湛湛(直減反)露斯。匪陽不晞(音希)。厭厭(於鹽反)夜飲。不醉無歸

興也。湛湛。露盛貌。陽。日。晞。乾也。厭厭。安也。亦久也。足也。夜飲。私燕也。燕禮。宵則兩階及庭門皆設大燭焉。○此亦天子燕諸侯之詩。言湛湛露斯。非日則不晞。以興厭厭夜飲。不醉則不歸。蓋於其夜飲之終而歌之也

○湛湛露斯。在彼豐草。厭厭夜飲。在宗載考

興也。豐。茂也。夜飲必於宗室。蓋路寢之屬也。考。成也

○湛湛露斯。在彼杞棘。顯允君子。莫不令德

興也。顯。明。允。信也。君子。指諸侯爲賓者也。令。善也。令德。謂其飲多而不亂。德足以將之也

○其桐其椅。（於宜反）其實離離。豈弟君子。莫不令儀

興也。離離。垂也。令儀。言辭而不喪其威儀也

湛露四章。章四句

春秋傳。甯武子曰。諸侯朝正於王。王宴樂之。於是賦湛露。曾氏曰。前兩章言厭厭夜飲。後兩章言令德令儀。雖過三爵。亦可謂不繼以淫矣

白華之什十篇五篇無辭[illegible]

二十三章一百四句

詩卷之十

朱熹集傳

彤弓之什二之三

彤弓

彤弓弨(尺昭反)兮。受言藏之。我有嘉賓。中心貺(吁王反)之。鍾鼓既設。一朝饗(叶虛良反)之。

賦也。彤弓、朱弓也。弨、弛貌。貺、與也。大飲賓曰饗。○此天子燕有功諸侯。而錫以弓矢之樂歌也。東萊呂氏曰。受言藏之。言其重也。弓人所獻。藏之王府。以待有功。不敢輕與人也。中心貺之。言其誠也。中心實欲貺之。非由外也。一朝饗之。言其速也。以王府寶藏之弓。一朝

舉以畀人。未嘗有遲留顧惜之意也。後世視府藏為己私分。至有以武庫兵賜弄臣者。則與受言藏之者異矣。賞賜非出於利誘。則迫於事勢。至有朝賜鐵券而暮屠戮者。則與中心貺之者異矣。屯膏吝賞。功臣解體。至有印刓而不忍予者。則與一朝饗之者異矣

【音釋】飲。於鴆反。府藏之藏。徂浪反。分。扶問反。弄臣。漢哀帝建平四年。上發武庫兵。送侍中董賢及乳母王阿舍。執金吾毋將隆奏。武庫兵器。天下公用。今便僻弄臣私恩微妾。而以天下公用給其私門。非所以示四方也。鐵券。漢高祖唐中宗後唐明宗。皆賜功臣鐵券。後皆屠戮。刓忍。韓信言項羽之為人也。見人慈愛言語嘔嘔。至人有功當封爵者。刻印刓忍不能予。此婦人之仁也。

○彤弓弨兮，受言載（叶子利反）之。我有嘉賓，中心喜（叶去聲）之。鐘鼓既設，一朝右（音又）之（叶于記反）。

賦也。載，抗之也。喜，樂也。右，勸也，尊也。

○彤弓弨兮，受言櫜（古刀反）之。我有嘉（叶古號反）賓，中心好（呼報反）之。鐘鼓既設，一朝醻（市由反，叶大到反）之。

賦也。櫜，韜。好，說。醻，報也。飲酒之禮，主人獻賓，賓酢主人，主人又酌自飲，而遂酌以飲賓，謂之醻。醻，猶厚也，勸也。

彤弓三章，章六句

春秋傳甯武子曰：諸侯敵王所愾，而獻其功，於是乎賜之彤弓一，彤矢百，玈弓矢千，以覺報宴。注曰：愾，恨怒也。覺，明也。謂諸侯有四夷之功，王賜之弓矢，又為歌彤弓以明報功宴樂。鄭氏曰：凡諸侯賜弓矢，然後專征伐。東萊呂氏曰：所謂專征者，如四夷入邊，臣子篡弒，不容待報者，其它則九伐之法，乃大司馬所職，非諸侯所專也。與後世強臣拜表輒行者異矣。

【音釋】愾，苦愛反。玈，音盧。好，呼報反。為，于僞反。晉穆帝永和七年，桓溫屢求北伐，詔書不聽，溫拜表輒行。安帝隆

安三年。孫恩陷會稽。劉牢之發兵討恩。拜表輒行

菁菁子丁反者莪五何反在彼中阿。既見君子。樂音洛且有儀叶五何反

興也。菁菁盛貌。莪蘿蒿也。中阿阿中也。大陵曰阿。君子指賓客也。○此亦燕飲賓客之詩。言菁菁者莪則在彼中阿矣。既見君子則我心喜樂而有禮儀矣。或曰以菁菁者莪比君子容貌威儀之盛也。下章放此

○菁菁者莪。在彼中沚。音止既見君子。我心則喜

興也。中沚沚中也。喜樂也

○菁菁者莪。在彼中陵。既見君子。錫我百朋

興也。中陵陵中也。古者貨貝。五貝為朋。錫我百朋者見之而喜。如得重貨之多也

○汎汎芳劒反楊舟。載沉載浮。既見君子。我心則休

比也。楊舟楊木為舟也。載則也。載沉載浮猶言載清載濁載馳載驅之類。以比未見君子而心不定也。休者休休然。言安定也

菁菁者莪四章章四句

六月棲棲（音西）戎車既飭（音敕）四牡騤騤（求圭反）載是常服（叶蒲北反）玁狁孔熾（尺志反）我是用急（叶音棘）王于出征以匡王國（叶于逼反）

賦也。六月建未之月也。棲棲猶皇皇不安之貌。戎車兵車也。飭整也。騤騤強貌。常服戎事之常服。以韎韋為弁。又以為衣。而素裳白舄也。玁狁即獫狁。北狄也。孔甚。熾盛。匡正也。○成康既沒。周室寖衰。八世而厲王胡暴虐。周人逐之。出居于彘。玁狁內侵。逼近京邑。王崩。子宣王靖即位。命尹吉甫帥師伐之。有功而歸。詩人作歌以序其事如此。司馬法冬夏不

興師。今乃六月而出師者。以玁狁甚熾。其事危急。故不得已而王命於是出征以正王國也。

【音釋】韎。音妹。又莫拜反

○比（毗志反）物四驪。閑之維則。維此六月。既成我服（叶蒲北反）我服既成。于三十里。王于出征。以佐天子（叶獎里反）

賦也。比物齊其力也。凡大事祭祀朝覲會同毛馬而頒之。凡軍事物馬而頒之。毛馬齊其色。物馬齊其力。吉事尚文。武事尚強也。則法也。服戎服也。三十里一舍也。古者吉行日五十里。師行日三十里。○既比其物而曰四驪則其色又齊。可以見馬之有餘矣。閑習之而

皆中法則。又可以見教之有素矣。於是此月之中。即成我服。既成我服。即日引道。不徐不疾。盡舍而止。又見其應變之速。從事之敏。而不失其常度也。王命於此而出征。欲其有以敵王所愾。而佐天子耳。

音釋 皆中之中。陟仲反。應去聲。愾苦愛反。

○四牡脩廣。其大有顒。魚容反 薄伐玁狁。以奏膚公。有嚴有翼。共音恭 武之服。叶蒲北反 共武之服。以定王國。叶于逼反

賦也。脩長。廣大也。顒大貌。奏薦。膚大。公功。嚴威。翼敬也。共與供同。服事也。言將帥皆嚴敬以共武事也。

○玁狁匪茹。如豫反 整居焦穫。音護 侵鎬。胡老反 及方。至于涇陽。織音志 文鳥章。白旆央央。於良反 元戎十乘。繩證反 以先啟行。叶戶郎反

賦也。茹度。整齊也。焦穫鎬方。皆地名。焦未詳所在。穫郭璞以為瓠中。則今在耀州三原縣也。鎬劉向以為千里之鎬。則非鎬京之鎬矣。亦未詳其所在也。方疑即朔方也。涇陽。涇水之北。在豐鎬之西北。言其深入為寇也。織幟字同。鳥章鳥隼之章也。白旆繼旐者也。央央鮮明貌。元大也。戎戎車也。軍之前鋒也。啟開行道也。猶言發程也。○言玁狁不自度量。深入為寇如此。是以建此旌旗。選鋒銳進。聲其罪而致討焉。直而壯。律而臧。有所不戰。戰必

勝矣

【音釋】度。徒洛反

○戎車既安。叶於連反如輊輊竹二反如軒。四牡既信。其乙反既佶且閑。叶胡田反薄伐玁狁。至于大音泰原。文武吉甫。萬邦爲憲。叶許言反

賦也。輊。車之覆而前也。軒。車之却而後也。凡車從後視之如輊。從前視之如軒。然後適調也。佶。壯健貌。大原。地名。亦曰大鹵。今在大原府陽曲縣。至于大原。言逐出之而已。不窮追也。先王治戎狄之法如此。吉甫。尹吉甫。此時大將也。憲。法也。非文無以附衆。非武無以威敵。能文能武。則萬邦以之爲法矣

○吉甫燕喜。既多受祉。來歸自鎬。我行永久。叶舉里反飲於鴆反御諸友。叶羽已反炰白交反鼈膾鯉。侯誰在矣。張仲孝友。叶羽已反

賦也。祉。福。御。進。侯。維也。張仲。吉甫之友也。善父母曰孝。善兄弟曰友。○此言吉甫燕飲喜樂。多受福祉。蓋以其歸自鎬而行永久也。是以飲酒進饌於朋友。而孝友之張仲在焉。言其所與宴者之賢。所以賢吉甫而善是燕也

六月六章章八句

薄言采芑。音起于彼新田。于此菑側其反畝。

（叶每彼反）方叔涖（音利）止。其車三千。師干之試。（叶詩止反）方叔率止。乘其四騏。四騏翼翼。路車有奭（許力反）。簟笰（音弗）魚服。（叶蒲北反）鉤膺鞗（音條）革。（叶訖力反）

興也。芑。苦菜也。青白色。摘其葉有白汁出。肥可生食。亦可蒸為茹。即今苦蕒菜。宜馬食。軍行采之。人馬皆可食也。田一歲曰菑。二歲曰新田。三歲曰畬。方叔。宣王卿士。受命為將者也。涖。臨也。其車三千。法當用三十萬眾。蓋兵車一乘。甲士三人。步卒七十二人。又二十五人將重車在後。凡百人也。然此亦極其盛而言。未必實有此數也。師。眾。干。扞也。試。肄習也。言眾且練也。率。總率之也。翼翼。順序貌。路車。戎路也。奭。赤貌。簟笰。以方文竹簟為車蔽也。鉤膺。馬婁頷有鉤。而在膺有樊有纓也。樊。馬大帶。纓。鞅也。鞗革。見蓼蕭篇。○宣王之時。蠻荊背叛。王命方叔南征。軍行采芑而食。故賦其事以起興曰。薄言采芑。則于彼新田于此菑畝矣。方叔涖止。則其車三千。師干之試矣。又遂言其車馬之美。以見軍容之盛也

將。子匠反。乘。食證反。背。音佩。鉤膺。周官巾車註。鉤。婁頷之鉤也。以金為之。是鉤用金在頷之飾也。膺。樊纓也。在膺之飾。惟有樊纓。樊與鞶同。今馬大帶。纓。今馬鞅。金路鉤樊纓九就。同姓以封。或方叔為同姓。或非同姓而方叔元老。是為上公。亦得乘金路矣

○薄言采芑。于彼新田。于此中鄉。方

叔涖止。其車三千。旂旐央央。方叔率止。約軝(祈支反)錯衡。(叶戶郎反)八鸞瑲瑲。(七羊反)服其命服。朱芾(音弗)斯皇。有瑲葱珩。(音衡叶戶郎反)

興也。中鄉民居。其田尤治。約。束。軝。轂也。以皮纏束兵車之轂而朱之也。錯。文也。鈴在鑣曰鸞。馬口兩旁各一。四馬故八也。瑲瑲。聲也。命服。天子所命之服也。朱芾。黃朱之芾也。皇。猶煌煌也。瑲。玉聲。葱。蒼色如葱者也。珩。佩首橫玉也。禮。三命赤芾葱珩。

○鴥(惟必反)彼飛隼。(息允反)其飛戾天。亦集爰止。方叔涖止。其車三千。師干之試。方

叔率止。鉦(音征)人伐鼓。陳師鞫(居六反)旅。顯允方叔。伐鼓淵淵。(叶於巾反)振旅闐闐。(徒顛反叶徒隣反)

興也。隼。鷂屬。急疾之鳥也。戾。至。爰。於也。鉦。鐃也。鐲也。伐。擊也。鉦以靜之。鼓以動之。鉦鼓各有人。而言鉦人伐鼓。互文也。鞫。告也。二千五百人爲師。五百人爲旅。此言將戰陳其師旅而誓告之也。陳師鞫旅。亦互文耳。淵淵。鼓聲平和不暴怒也。謂戰時進士衆也。振。止。旅。衆也。言戰罷而止其衆以入也。春秋傳曰。出曰治兵。入曰振旅。是也。闐闐。亦鼓聲也。或曰盛貌。程子曰。振旅。亦以鼓行金止。○言隼飛戾天而亦集於所止。以興師衆之盛而進退有節。如下文所云也。

○蠢（尺允反）爾蠻荊。大邦為讎（叶市由反）。方叔元老。克壯其猶。方叔率止。執訊（音信）獲醜（叶尺由反）。戎車嘽嘽（吐丹反）。嘽嘽焞焞（吐雷反）。如霆如雷。顯允方叔。征伐玁狁。蠻荊來威（叶音隈）。

賦也。蠢者。動而無知之貌。蠻荊。荊州之蠻也。大邦。猶言中國也。元。大。猶。謀也。言方叔雖老。而謀則壯也。嘽嘽。衆也。焞焞。盛也。霆。疾雷也。方叔蓋嘗與於北伐之功者。是以蠻荊聞其名而皆來畏服也。

【音釋】與。音預。

采芑四章。章十二句。

我車既攻。我馬既同。四牡龐龐（鹿同反）。駕言徂東。

賦也。攻。堅。同。齊也。傳曰。宗廟齊豪。尚純也。戎事齊力。尚強也。田獵齊足。尚疾也。龐龐。充實也。東。東都洛邑也。○周公相成王。營洛邑為東都。以朝諸侯。周室既衰。久廢其禮。至于宣王。內修政事。外攘夷狄。復文武之竟。修車馬。備器械。復會諸侯於東都。因田獵而選車徒焉。故詩人作此以美之。首章汎言將往東都也。

○田車既好（叶許厚反）。四牡孔阜（叶符有反）。東有甫

草。叶此苟反 駕言行狩。叶始九反

賦也。田車，田獵之車。好，善也。阜，盛大也。甫草，甫田也。後爲鄭地，今開封府中牟縣西圃田澤是也。宣王之時，未有鄭國，圃田屬東都畿內，故往田也。此章指言將往狩于圃田也。

○之子于苗，叶音毛 選徒囂囂。五刀反 建旐設旄，搏音博 獸于敖。

賦也。之子，有司也。苗，狩獵之通名也。選，數也。囂囂，聲衆盛也。數車徒者其聲囂囂，則車徒之衆可知。且車徒不譁，而惟數者有聲，又見其靜治也。敖，近滎陽，地名也。○此章言至東都而選徒以獵也。

○駕彼四牡，四牡奕奕。赤芾金舄，會同有繹。

賦也。奕奕，連絡布散之貌。赤芾，諸侯之服。金舄，赤舄而加金飾，亦諸侯之服也。時見曰會，殷見曰同。繹，陳列聯屬之貌也。○此章言諸侯來會朝於東都也。

【音釋】時見，見音現。無常期也。殷，衆也。屬，之玉反。

○決拾既佽，音恣，與柴叶 弓矢既調。讀如同，與同叶 射夫既同，助我舉柴。子智反

賦也。決，以象骨爲之，著於右手大指，所以鉤弦開體。拾，以皮爲之，著於左臂以遂弦，故亦

[illegible]

名。遂。伐。比也。調，謂弓強弱與矢輕重相得也。射夫，蓋諸侯來會者。同，協也。柴，說文作㧘，謂積禽也。使諸侯之人助而舉之，言獲多也。○此章言既會同而田獵也。

○四黃既駕，兩驂不猗。於寄可於箇二反不失其馳。叶徒臥反舍音捨矢如破。彼寄普過二反

賦也。猗，偏倚不正也。馳，馳驅之法也。舍矢如破，巧而力也。蘇氏曰：不善射御者，詭遇則獲。不然，不能也。今御者不失其馳驅之法，而射者舍矢如破，則可謂善射御矣。○此章言田獵而見其射御之善也。

○蕭蕭馬鳴，悠悠旆旌。徒御不驚，大庖蒲交反不盈。

賦也。蕭蕭、悠悠，皆閑暇之貌。徒，步卒也。御，車御也。驚，如漢書夜軍中驚之驚。不驚，言比卒事不喧譁也。大庖，君庖也。不盈，言取之有度，不極欲也。蓋古者田獵獲禽，面傷不獻，踐毛不獻，不成禽不獻。擇取三等：自左膘而射之，達于右腢為上殺，以為乾豆，奉宗廟；達右耳本者次之，以為賓客；射左髀達于右䯒為下殺，以充君庖。每禽取三十焉，每等得十，其餘以與士大夫習射於澤宮，中者取之。是以獲雖多而君庖不盈也。張子曰：饌雖多而無餘者，均及於衆而有法耳。凡事有法，則何患乎不均也。舊說不驚，驚也；不盈，盈也。亦通。○此章言其終事嚴而頒禽均也。

【音釋】漢景帝時，周亞夫擊吳楚，深壁而守，夜軍中驚，頃之復定。比，匹志反。至也。卒事，終事也。面，面傷，謂當面射之。踐毛，謂在傍而逆射之。不獻，嫌誅

降之義。不成禽。恐其害幼小。膘頻小反。脅後髀前肉也。腢音愚肩前也。上殺。中心。死疾。鮮潔也。次之。以其遠心。死稍遲。微惡也。髎胡了反。水膲也。謂腰左右虛肉處也。膲口䕻反。下殺。中脅死最遲。肉又益惡也。每禽取三十。而宗廟賓客君庖各十也。每等得十。謂上殺十。次殺十。下殺十也。澤宮。大射之宮名也。澤所以擇士也。

○之子于征。有聞音問無聲。允矣君子。展也大成。

賦也。允。信。展。誠也。聞師之行而不聞其聲。言至肅也。信矣其君子也。誠哉其大成也。○此章總叙其事之始終而深美之也。

車攻八章章四句

以五章以下考之。恐當作四章章八句

吉日維戊叶莫吼反。既伯既禱叶丁口反。田車既好。四牡孔阜叶許口反。升彼大阜。從其羣醜。

賦也。戊。剛日也。伯。馬祖也。謂天駟房星之神也。醜。衆也。謂禽獸之羣衆也。○此亦宣王之詩。言田獵將用馬力。故以吉日祭馬祖而禱之。既祭而車牢馬健。於是可以歷險而從禽也。以下章推之。是日也。其戊辰歟。

○吉日庚午。既差我馬叶滿補反。獸之所同。

麀（音憂）鹿麌麌（愚甫反）。漆沮（七徐反）之從。天子之所。

賦也。庚午，亦剛日也。差，擇。齊其足也。同，聚也。鹿牝曰麀。麌麌，衆多也。漆沮，水名，在西都畿內涇渭之北。所謂洛水，今自延韋流入鄜坊，至同州入河也。○戊辰之日，既禱矣，越三日庚午，遂擇其馬而乘之。視獸之所聚，麀鹿最多之處而從之。惟漆沮之旁爲盛，宜爲天子田獵之所也。【音釋】鄜，方無反。

○瞻彼中原，其祁孔有。（叶羽已反）儦儦（表驕反）俟俟，（叶于已反）或羣或友。（叶羽已反）悉率左右，（叶羽已反）以燕天子。（叶奬里反）

賦也。中原，原中也。祁，大也。趣則儦儦，行則俟俟。獸三曰羣，二曰友。燕，樂也。○言從王者視彼禽獸之多，於是率其同事之人，各共其事，以樂天子也。【音釋】共，音恭。

○既張我弓，既挾（子洽、戶頰二反）我矢。發彼小豝（音巴），殪（於計反）此大兕（徐履反）。以御賓客，且以酌醴。

賦也。發，發矢也。豕牝曰豝。一矢而死曰殪。兕，野牛也。言能中微而制大也。御，進也。醴，酒名。周官五齊，二曰醴齊。注曰：醴成而汁滓相將，如今甜酒也。○言射而獲禽以爲俎實，進於

賓客而酌醴也。音釋中陟仲反。小者射中必死苦於不能射中。大者射則易中惟不能即
死。小豝云發言發則中之。大兕云殪言射著即死。與其文者中微而制大周禮酒正五齊
泛齊。醴齊。盎齊。緹齊。沈齊。齊才細反。緹音體

吉日四章章六句

東萊呂氏曰。車攻吉日所以爲復古者何也。蓋蒐狩之禮。可以見王賦之復焉。
可以見軍實之盛焉。可以見師律之嚴焉。可以見上下之情焉。可以見綜理之
周焉。欲明文武之功業者。此亦足以觀矣

鴻鴈于飛。肅肅其羽。之子于征。劬勞于野。叶上與反。爰及矜棘冰反人。哀此鰥
寡。叶果五反

興也。大曰鴻。小曰鴈。肅肅。羽聲也。之子。流民自相謂也。征。行也。劬勞。病苦也。矜。憐也。老而
無妻曰鰥。老而無夫曰寡。○舊說周室中衰萬民離散。而宣王能勞來還定安集之。故流
民喜之而作此詩。追叙其始而言曰。鴻鴈于飛。則肅肅其羽矣。之子于征。則劬勞于野矣。
且其劬勞者。皆鰥寡可哀憐之人也。然今亦未有以見其爲宣王之詩。後三篇放此音釋
勞來。上力報反。下力代反。還音旋

○鴻鴈于飛。集于中澤。叶徒洛反之子于

賓客且以酌醴 …… 能中微而制大也 ……

吉日四章章六句

東萊呂氏曰車攻吉日所以爲復古者何也蓋蒐狩之禮可以見王賦之復焉可以見軍實之盛焉可以見師律之嚴焉可以見上下之情焉可以見綜理之周焉欲明文武之功業者此亦足以觀矣

鴻鴈于飛肅肅其羽之子于征劬勞于野爰及矜人哀此鰥寡

興也大曰鴻小曰鴈肅肅羽聲也之子流民自相謂也征行也劬勞病苦也矜憐也老而無妻曰鰥老而無夫曰寡○舊說周室中衰萬民離散而宣王能勞來還定安集之故流民喜之而作此詩追敍其始而言曰鴻鴈于飛則肅肅其羽矣之子于征則劬勞于野矣且其劬勞者不獨此人乃及矜人之可憐者亦皆鰥寡之人也然今亦未有以見其爲宣王之詩後三篇放此

○鴻鴈于飛集于中澤之子于

垣音袁百堵丁古反皆作。雖則劬勞。其究安宅叶達各反

興也。中澤。澤中也。一丈爲板。五板爲堵。究。終也。○流民自言鴻鴈集于中澤以興己之得其所止而築室以居。今雖勞苦。而終獲安定也

○鴻鴈于飛。哀鳴嗷嗷五刀反。維此哲人。謂我劬勞。維彼愚人。謂我宣驕叶音高

比也。流民以鴻鴈哀鳴自比而作此歌也。哲。知。宣。示也。知者聞我歌。知其出於劬勞。不知者謂我閑暇而宣驕也。韓詩云。勞者歌其事。魏風亦云。我歌且謠。不知我者。謂我士也驕。大抵歌多出於勞苦。而不知者常以爲驕也

鴻鴈三章。章六句

夜如何其音基。夜未央。庭燎之光。君子至止。鸞聲將將七羊反

賦也。其。語辭。央。中也。庭燎。大燭也。諸侯將朝則司烜以物百枚并而束之。設於門內也。君子。諸侯也。將將。鸞鑣聲。○王將起視朝。不安於寢。而問夜之早晚曰。夜如何哉。夜雖未央而庭燎光矣。朝者至而聞其鸞聲矣

【音釋】烜。音毀。并。卑政反

○夜如何其。夜未艾音乂如字。庭燎晣晣音折

之世反。與文叶君子至止。鸞聲噦噦。噦音誨。

賦也。艾。盡也。晣晣。小明也。噦噦。近而聞其徐行聲有節也。噦噦

○夜如何其。夜鄉晨。鄉許亮反。庭燎有煇。煇許云反君子至止。言觀其旂。叶渠斤反

賦也。鄉晨。近曉也。煇。火氣也。天欲明而見其煙光相雜也。既至而觀其旂。則辨色矣。

庭燎三章。章五句

沔綿善反彼流水。朝直遙反宗于海。叶虎洧反鴥惟必反彼飛隼。息允反載飛載止。嗟我兄弟。邦人諸友。叶羽軌反莫肯念亂。誰無父母。叶滿洧反

興也。沔。水流滿也。諸侯春見天子曰朝。夏見曰宗。○此憂亂之詩。言流水猶朝宗于海。飛隼猶或有所止。而我之兄弟諸友乃無肯念亂者。誰獨無父母乎。亂則憂或及之。是豈可以不念哉。

音釋 見音現

○沔彼流水。其流湯湯。失羊反鴥彼飛隼。載飛載揚。念彼不蹟。并亦反載起載行。叶戶郎反心之憂矣。不可弭忘。

興也。湯湯。波流盛貌。不蹟。不循道也。載起載行。言憂念之深。不遑寧處也。弭。止也。求感隼

揚以興憂念之不能忘也

○鴥彼飛隼。率彼中陵。民之訛言。寧莫之懲。我友敬矣。讒言其興。

興也。率，循。訛，僞。懲，止也。○隼之高飛，猶循彼中陵。而民之訛言，乃無懲止之者。然我之友，誠能敬以自持矣，則讒言何自而興乎。始憂於人，而卒反諸己也。

沔水三章，一章八句，一章六句。

疑當作三章章八句，卒章脫前兩句耳。

鶴鳴于九皐。聲聞（音問）于野（叶上與反）。魚潛在淵。或在于渚。樂（音洛）彼之園。爰有樹檀（叶徒沿反）。其下維蘀（音託）。他山之石。可以爲錯（七落反）。

比也。鶴，鳥名。長頸竦身，高脚，頂赤，身白，頸尾黑。其鳴高亮，聞八九里。皐，澤中水溢出所爲坎，從外數至九，喻深遠也。蘀，落也。錯，礪石也。○此詩之作，不可知其所由。然必陳善納誨之辭也。蓋鶴鳴于九皐，而聲聞于野，言誠之不可揜也。魚潛在淵，而或在于渚，言理之無定在也。園有樹檀，而其下維蘀，言愛當知其惡也。他山之石，而可以爲錯，言憎當知其善

也。由是四者引而伸之。觸類而長之。天下之理其庶幾乎

○鶴鳴于九臯聲聞于天叶鐵因反魚在于渚。或潛在淵叶一均反樂彼之園爰有樹檀其下維穀他山之石可以攻玉

比也。穀。一名楮。惡木也。攻。錯也。○程子曰。玉之溫潤。天下之至美也。石之麤厲。天下之至惡也。然兩玉相磨不可以成器。以石磨之。然後玉之爲器得以成焉。猶君子之與小人處也。橫逆侵加。然後修省畏避。動心忍性。增益預防。而義理生焉。道德成焉。吾聞諸邵子云

鶴鳴二章章九句

彤弓之什十篇四十章二百五十九句

疑脫兩句當爲二百六十一句

朱熹集傳

祈父之什二之四

祈（勤衣反）父（音甫）子王之爪牙（叶五胡反）胡轉予于恤。靡所止居

賦也。祈父。司馬也。職掌封圻之兵甲。故以為號。酒誥曰。圻父薄違是也。予。六軍之士也。或曰司右虎賁之屬也。爪牙。鳥獸所用以為威者也。恤。憂也。○軍士怨於久役。故呼祈父而告之曰。予乃王之爪牙。汝何轉我於憂恤之地。使我無所止居乎

音釋 賁音奔

○祈父。予王之爪士。（鉏里反）胡轉予于恤。靡所底（之履反）止

賦也。爪士。爪牙之士也。底。至也。

○祈父。亶不聰。胡轉予于恤。有母之尸饔

賦也。亶。誠。尸。主也。饔。熟食也。言不得奉養。而使母反主勞苦之事也。○東萊呂氏曰。越句踐伐吳。有父母耆老而無昆弟者。皆遣歸。魏公子無忌救趙。亦令獨子無兄弟者歸養。則古昔有親老而無兄弟。其當免征役。必有成法。故責司馬之不聰。其意謂此法人皆聞之

汝獨不聞乎。乃驅吾從戎。使吾親不免薪水之勞也。責司馬者。不敢斥王也【音釋】今音零。饔。去聲

祈父三章章四句

序以爲刺宣王之詩。說者又以爲宣王三十九年。戰于千畝。王師敗績于姜氏之戎。故軍士怨而作此詩。東萊呂氏曰。太子晉諫靈王之詞曰。自我先王厲宣幽平而貪天禍。至于今未弭。宣王中興之主也。至與幽厲並數之。其詞雖過。觀是詩所刺。則子晉之言豈無所自歟。但今考之詩文。未有以見其必爲宣王耳下篇倣此【音釋】數色主反

皎皎古了反白駒。食我場苗。縶陟立反之維之。以永今朝。所謂伊人。於焉逍遙。

賦也。皎皎。潔白也。駒。馬之未壯者。謂賢者所乘也。場。圃也。縶。絆其足。維。繫其靷也。永。久也。伊人。指賢者也。逍遙。遊息也。○爲此詩者。以賢者之去而不可留也。故託以其所乘之駒。食我場苗而縶維之。庶幾以永今朝。使其人得以於此逍遙而不去。若後人留客而投其轄於井中也【音釋】絆。音半。繫足曰絆。靷。音引。在胷曰靷。漢陳遵以列侯居京師。嗜飲。每關門取客車轄投井中。雖有急終不得去

○皎皎白駒。食我場藿。火郭反縶之維之。

以永今夕。叶祥龠反 所謂伊人。於焉嘉客。叶克各反

賦也。藿猶苗也。夕猶朝也。嘉客猶逍遥也。

○皎皎白駒。賁彼義反。又音奔然來叶云俱反思。爾公爾侯。叶洪孤反 逸豫無期。愼爾優游。叶汪胡反 勉爾遁思。叶新齋反

賦也。賁然。光采之貌也。或以為來之疾也。思語詞也。爾指乘駒之賢人也。愼勿過也。勉毋決也。遁思猶言去意也。○言此乘白駒者。若其肯來。則以爾為公。以爾為侯。而逸樂無期矣。猶言橫來。大者王。小者侯也。豈可以過於優游。決於遁思。而終不我顧哉。蓋愛之切而不知好爵之不足縻。留之苦而不恤其志之不得遂也。

音釋 漢高祖招田橫曰。橫來。大者王。小者侯。

○皎皎白駒。在彼空谷。生芻一束。楚俱反 其人如玉。毋金玉爾音。而有遐心。

賦也。賢者必去而不可留矣。於是歎其乘白駒入空谷。束生芻以秣之。而其人之德美如玉也。蓋已邈乎其不可親矣。然猶冀其相聞而無絕也。故語之曰。毋貴重爾之音聲。而有遠我之心也。

白駒四章。章六句

黃鳥黃鳥無集于穀無啄（陟角反）我粟此邦之人不我肯穀言旋言歸復我邦族

比也。穀木名。穀善。旋回。復反也。○民適異國不得其所。故作此詩。託爲呼其黃鳥而告之曰。爾無集于穀而啄我之粟。苟此邦之人不以善道相與。則我亦不久於此而將歸矣

○黃鳥黃鳥無集于桑無啄我粱此邦之人不可與明（叶謨郎反）言旋言歸復我諸兄（叶虛王反）

比也

○黃鳥黃鳥無集于栩（況甫反）無啄我黍此邦之人不可與處言旋言歸復我諸父（叶扶雨反）

比也

黃鳥三章章七句

東萊呂氏曰。宣王之末。民有失所者。意他國之可居也。及其至彼。則又不若故鄉焉。故思而欲歸。使民如此。亦異於還定安集之時矣。今按詩文未見其爲宣

王之世。下篇亦然

我行其野。蔽(必制反)芾(方味反)其樗。(敕雩反)昏姻之故。言就爾居。爾不我畜。復我邦家。(叶古胡反)

賦也。樗惡木也。壻之父。婦之父。相謂曰婚姻。畜養也。○民適異國。依其婚姻而不見收䘏。故作此詩。言我行於野中。依惡木以自蔽。於是思婚姻之故而就爾居。而爾不我畜也。則將復我之邦家矣

○我行其野。言采其蓫。(敕六反)昏姻之故。言就爾宿。爾不我畜。言歸思復

賦也。蓫牛蘈。惡菜也。今人謂之羊蹄菜。〔音釋〕蘈。徒雷反

○我行其野。言采其葍。(音福。叶筆力反)不思舊姻。求我新特。成(論語作誠)不以富。亦祇(音支)以異(叶逸織反)

賦也。葍惡菜也。特匹也。○言爾之不思舊姻而求新匹也。雖實不以彼之富而厭我之貧。亦祇以其新而異於故耳。此詩人責人忠厚之意

我行其野三章章六句

王氏曰。先王躬行仁義以道民厚矣。猶以爲未也。又建官置師。以孝友睦婣任

卹六行教民。爲其有父母也。故教以孝。爲其有兄弟也。故教以友。爲其有同姓也。故教以睦。爲其有異姓也。故教以姻。爲鄰里鄉黨相保相愛也。故教以任。相賙相救也。故教以卹。以爲徒教之或不率也。故使官師以時書其德行而勸之。以爲徒勸之或不率也。於是乎有不孝不睦不婣不弟不任不卹之刑焉。方是時也。安有如此詩所刺之民乎

秩秩斯干。（叶居焉反）幽幽南山。（叶所旃反）如竹苞（叶補苟反）矣。如松茂（叶莫口反）矣。兄及弟矣。式相好（叶呼報反，叶許厚反）矣。無相猶（叶余久反）矣

賦也。秩秩，有序也。斯，此也。干，水涯也。南山，終南之山也。苞，叢生而固也。猶，謀也。○此築室既成而燕飲以落之。因歌其事。言此室臨水而面山。其下之固如竹之苞。其上之密如松之茂。又言居是室者，兄弟相好而無相謀。則頌禱之辭。猶所謂聚國族於斯者也。張子曰。猶似也。人情大抵施之不報則輟。故恩不能終。兄弟之間。各盡己之所宜施者。無學其不相報而廢恩也。君臣父子朋友之間。亦莫不用此道。盡己而已。愚按此於文義或未必然。然意則善矣。或曰。猶當作尤。

音釋　檀弓。晉獻文子成室。張老曰。美哉輪焉。美哉奐焉。歌於斯。哭於斯。聚國族於斯。君子謂之善頌善禱

○似續妣（必履反）祖。築室百堵。西南其戶。

胡五反爰居爰處。爰笑爰語。
賦也。似。嗣也。妣。先於祖者。協下韻爾。或曰謂姜嫄后稷也。西南其戶。天子之宮。其室非一。在東者西其戶。在北者南其戶。猶言南東其畝也。爰。於也

○約之閣閣。椓陟角反之橐橐音託。風雨攸除直慮反。鳥鼠攸去。君子攸芋香于反叶王遇反。
賦也。約。束板也。閣閣。上下相乘也。椓。築也。橐橐。杵聲也。除。亦去也。無風雨鳥鼠之害。言其上下四旁皆牢密也。芋。尊大也。君子之所居以為尊且大也

○如跂音企斯翼。如矢斯棘。如鳥斯革叶訖力反。如翬音輝斯飛。君子攸躋子西反。
賦也。跂。竦立也。翼。敬也。棘。急也。矢行緩則枉。急則直也。革。變。翬。雉。躋。升也。○言其大勢嚴正。如人之竦立。而其恭翼翼也。其廉隅整飭。如矢之急而直也。其棟宇峻起。如鳥之警而革也。其簷阿華采而軒翔。如翬之飛而矯其翼也。蓋其堂之美如此。而君子之所升以聽事也

○殖殖市力反其庭。有覺其楹。噲噲音快其正叶音征。噦噦呼會反其冥。君子攸寧。
賦也。殖殖。平正也。庭。宮寢之前庭也。覺。高大而直也。楹。柱也。噲噲。猶快快也。正。向明之處

也。噦噦。深廣之貌。冥。幽窔之間也。言其室

之美如此。而君子之所以休息以安身也

音釋

奧。室西南隅也。窔。音杳。室東南隅也。奧窔之

間。在戶之西而牖之東。正幽暗處。故曰冥

○下莞音官上簟叶徒錦反乃安斯寢叶于撿于錦二反

乃寢乃興。乃占我夢叶彌登反吉夢維何。維

熊維羆彼宜反叶彼何反維虺許鬼反維蛇市奢反叶于其土何二反

賦也。莞。蒲席也。竹葦曰簟。羆。似熊而長頭高

脚。猛憨多力。能拔樹。虺。蛇屬。細頸大頭。色如

文綬。大者長七八尺。○祝其君安其室居。

夢兆而有祥。亦頌禱之詞也。下章放此

○大音泰人占之。維熊維羆。男子之祥。

維虺維蛇。女子之祥

賦也。大人。大卜之屬。占夢之官也。熊羆。陽物

在山。彊力壯毅。男子之祥也。虺蛇。陰物穴處

柔弱隱伏。女子之祥也。○或曰。夢之有占。何

也。曰。人之精神與天地陰陽流通。故晝之所

為。夜之所夢。其善惡吉凶。各以類至。是以先

王建官設屬。使之觀天地之會。辨陰陽之氣

以日月星辰占六夢之吉凶。獻吉夢。贈惡夢

其於天人相與之際。察之詳而敬之至矣。故

曰王前巫而後史。宗祝瞽侑皆在

左右。王中心無為也。以守至正

音釋 周禮占夢中士

二人。史二人。徒四人。占六夢之吉凶。一曰正

夢。無所感動。平安自夢。二曰噩夢。驚愕而夢。

三曰思夢。覺時所思念之。四曰寤夢。覺時道

之。五曰喜夢。喜悅而夢。六曰懼夢。恐懼而夢。

季冬獻吉夢于王。乃舍萌于四方。以贈惡夢。舍萌。猶釋菜。萌菜始生也。舊歲盡。新年至。故於此時贈送去惡夢也

○乃生男子。載寢之牀。載衣之裳。於既反載弄之璋。其泣喤喤。華彭反叶胡光反朱芾音弗斯皇。室家君王

賦也。半圭曰璋。喤喤。大聲也。芾。天子純朱。諸侯黃朱。皇。猶煌煌也。君。諸侯也。○寢之於牀。尊之也。衣之以裳。服之盛也。弄之以璋。尚其德也。言男子之生於是室者。皆將服朱芾煌煌然。有室有家。爲君爲王矣

○乃生女子。載寢之地。載衣之裼。他計反載弄之瓦。叶魚位反無非無儀。叶音義唯酒食是議。無父母詒以之反罹。叶音麗

賦也。裼。褓也。瓦。紡塼也。儀。善。罹。憂也。○寢之於地。卑之也。衣之以褓。卽其用而無加也。弄之以瓦。習其所有事也。有非。非婦人也。有善非婦人也。蓋女子以順爲正。無非足矣。有善則亦非其吉祥可願之事也。唯酒食是議。而無遺父母之憂。則可矣。易曰。無攸遂。在中饋。貞吉。而孟子之母亦曰。婦人之禮。精五飯。冪酒漿。養舅姑。縫衣裳而已矣。故有閨門之脩而無境外之志。此之謂也。

音釋 朱子語錄。瓦。紡時所用之物。舊見人畫列女傳。漆室女手

執一物。如今銀子樣意其爲紡塼也。然未可必。月令五飯。春食麥夏食菽。食稷。秋食麻。冬食菜

斯干九章四章章七句五章章五句

舊說厲王既流于彘。宮室圮壞。故宣王即位。更作宮室。既成而落之。今亦未有以見其必爲是時之詩也。或曰。儀禮下管新宮。春秋傳宋元公賦新宮。恐即此詩。然亦未有明證。

誰謂爾無羊。三百維群。誰謂爾無牛。九十其犉。而純反 爾羊來思。其角濈濈。莊立反 爾牛來思。其耳濕濕。始立反

賦也。黄牛黑脣曰犉。羊以三百爲羣。其羣不可數也。牛之犉者九十。非犉者尚多也。聚其角而息。濈濈然。呞而動其耳。濕濕然。王氏曰。濈濈和也。羊以善觸爲患。故言其和。謂聚而不相觸也。濕濕潤澤也。牛病則耳燥。安則潤澤也。○此詩言牧事有成。而牛羊衆多也

音釋 呞。丑之反。食已復出嚼之也。亦作齝

○或降于阿。或飲于池。叶唐何反 或寢或訛。

爾牧來思。何河可反蓑素多反何笠。音立 或負其

餱（音侯）三十維物（叶微律反），爾牲則具（叶居律反）。
賦也。訛，動；何，揭也。蓑，所以備雨。三十維物，
齊其色而別之，凡為色三十也。○言牛羊無
驚畏，而牧人持雨具，齎飲食，從其所適，以順
其性。是以生養蕃息，至於其色無所不備，而
於用無所不有也。
【音釋】揭，音竭，擔也。說文：蓑，草雨衣也。
笠，簦無柄也。簦，謂簦即今傘。音
登

○爾牧來思，以薪以蒸（之承反），以雌以雄。
爾羊來思，矜矜兢兢，不騫不崩，麾
之以肱，畢來既升。

賦也。麤曰薪，細曰蒸。雌雄，禽獸也。矜矜兢兢，
堅強也。騫，虧也。崩，羣疾也。肱，臂也。既，盡也。升，
入牢也。○言牧人有餘力，則出取薪蒸，搏禽
獸。其羊亦馴擾從人，不假箠楚，但以手麾之，
使來則畢來，使
升則既升也。

○牧人乃夢，眾維魚矣，旐（音兆）維旟（音餘）
矣。大人占之，眾維魚矣，實維豐年（叶尼因反）。
旐維旟矣，室家溱溱（側巾反）。

賦也。占夢之說未詳。溱溱，眾也。或曰：眾謂人
也。旐，郊野所建，統人少；旟，州里所建，統人多。
蓋人不如魚之多，旐所統不如旟所統之眾，
故夢人乃是魚，則為豐年；旐乃是旟，則為人

無羊四章章八句

節(音截。下同)彼南山。維石巖巖。赫赫師尹。民具爾瞻(叶側銜反)。憂心如惔(徒藍反)。不敢戲談。國既卒(子律反)斬(叶側銜反)。何用不監(古銜反)。

興也。節。高峻貌。巖巖。積石貌。赫赫。顯盛貌。師尹。大師尹氏也。大師。三公。尹氏。蓋吉甫之後。春秋書尹氏卒。公羊子以爲譏世卿者。卽此也。具。俱。瞻。視。惔。燔。卒。終。斬。絕。監。視也。○此詩家父所作。刺王用尹氏以致亂。言節彼南山。則維石巖巖矣。赫赫師尹。則民具爾瞻矣。而其所爲不善。使人憂心如火燔灼。又畏其威而不敢言也。然則國既終斬絕矣。汝何用而不察哉。【音釋】大。音泰。父。音甫。

○節彼南山。有實其猗(於宜反。叶於何反)。赫赫師尹。不平謂何。天方薦(祖甸反)瘥(才何反)。喪(息浪反)亂弘多。民言無嘉(叶居何反)。憯(七感反)莫懲嗟(叶遭哥反)。

興也。有實其猗。未詳其義。傳曰。實。滿。猗。長也。箋云。猗。倚也。言草木滿其旁倚之畎谷也。或以爲草木之實。猗猗然。皆不甚通。薦。荐。通。重也。瘥。病。弘。大。憯。曾。懲。創也。○節彼南山。則有實其猗矣。赫赫師尹。而不平其心。則謂之何哉。蘇氏曰。爲政者不平其心。則下之榮瘁勞

佚有大相絶者矣。是以神怒而重之以喪亂，人怨而謗讟其上。然尹氏曾不懲創咨嗟求所以自改也。

【音釋】荐音薦。重直用反。喪息浪反。讟徒谷反。

○尹氏大（音泰）師，維周之氐（丁禮反，叶都黎反）。秉國之均，四方是維。天子是毗（叶婢尸反），俾民不迷。不弔昊天，不宜空我師（叶霜夷反）。

賦也。氐，本。均，平。維，持。毗，輔。弔，愍。空，窮。師，衆也。○言尹氏大師維周之氐，而秉國之均，則是宜有以維持四方，毗輔天子，而使民不迷，乃其職也。今乃不平其心，而旣不見愍弔於昊天矣，則不宜久在其位，使天降禍亂，而我衆并及空窮也。

○弗躬弗親，庶民弗信（叶斯人反）。弗問弗仕（鉏里反。下同），勿罔君子（叶奬里反）。式夷式已，無小人殆（叶養里反）。瑣瑣（素火反）姻亞，則無膴（音武）仕。

賦也。仕，事。罔，欺也。君子指王也。夷，平。已，止。殆，危也。瑣瑣，小貌。壻之父曰姻，兩壻相謂曰亞。膴，厚也。○言王委政於尹氏，尹氏又委政於姻婭之小人，而以其未嘗問、未嘗事者欺其君也。故戒之曰：汝之弗躬弗親，庶民已不信矣。其所弗問弗事，則豈可以罔君子哉？當平其心，視所任之人，有不當者則已之，無以小人之故而至於危殆其國也。瑣瑣姻婭而必皆膴仕，則小人進矣。

○昊天不傭（敕龍反）。降此鞠訩（音凶 九六反）。昊天不惠。降此大戾。君子如屆（音戒 叶居例反）。俾民心闋（苦穴反 叶苦桂反）。君子如夷。惡（烏路反）怒是違。

賦也。傭。均。鞠。窮。訩。亂。戾。乖。屆。至。闋。息。違。遠也。○言昊天不均。而降此窮極之亂。昊天不順。而降此乖戾之變。然所以靖之者。亦在夫人而已。君子無所苟而用其至。則必躬必親。而民之亂心息矣。君子無所偏而平其心。則式夷式已。而民之惡怒遠矣。傷王與尹氏之不能也。夫為政不平以召禍亂者人也。而詩人以為天實為之者。蓋無所歸咎而歸之天也。抑有以見君臣隱諱之義焉。有以見天人合一之理焉。後皆放此。

○不弔昊天（叶鐵因反）。亂靡有定（叶唐丁反）。式月斯生（叶桑經反）。俾民不寧。憂心如酲（音呈）。誰秉國成。不自為政（叶諸盈反）。卒勞百姓（叶桑經反）。

賦也。酲。病酒曰酲。成。平。卒。終也。○蘇氏曰。天不之恤。故亂未有所止。而禍患與歲月增長。君子憂之曰。誰秉國成者。乃不自為政。而以付之姻婭之小人。其卒使民為之受其勞弊以至此也。

音釋　長。上聲。為爲之之爲。去聲。

○駕彼四牡。四牡項領。我瞻四方。蹙蹙（子六反）靡所騁（敕領反）。

賦也。項，大也。蹙蹙，縮小之貌。○言駕四牡而四牡項領，可以騁矣，而視四方則皆昏亂，蹙蹙然無可往之所，亦將何所騁哉。東萊呂氏曰：本根病則枝葉皆瘁，是以無可往之地也。

○方茂爾惡，相息亮反爾矛矣。既夷既懌，如相醻市由反矣。

賦也。茂，盛。相，視。懌，悅也。○言方盛其惡以相加，則視其矛戟，如欲戰鬭。及既夷平悅懌，則相與歡然，如賓主而相醻酢，不以為怪也。蓋小人之性無常，而習於鬭亂，其喜怒之不可期如此，是以君子無所適而可也。

○昊天不平，我王不寧。不懲其心，覆芳服反怨其正。叶諸盈反

賦也。尹氏之不平，若天使之，故曰昊天不平。若是，則我王亦不得寧矣。然尹氏猶不自懲創其心，乃反怨人之正己者，則其為惡何時而已哉。

○家父音甫作誦，叶疾容反以究王訩。式訛爾心，以畜許六反萬邦。叶卜工反

賦也。家，氏。父，字。周大夫也。究，窮。訩，亂。畜，養也。○家父自言作為此誦，以窮究王政昏亂之所由，冀其改心易慮，以畜養萬邦也。陳氏曰：尹氏厲威，使人不得戲談，而家父作詩，乃復自表其出於己，以身當尹氏之怒而不辭者，蓋家父周之世臣，義與國俱存亡故也。東萊

呂氏曰。篇終矣。故窮其亂本而歸之王心焉。致亂者雖尹氏。而用尹氏者則王心之蔽也。

李氏曰。孟子曰。人不足與適也。政不足與間也。惟大人爲能格君心之非。蓋用人之失。政事之過。雖皆君之非。然不必先論也。惟格君心之非。則政事無不善矣。用人皆得其當矣。

節南山十章。六章章八句。四章章四句。

序以此爲幽王之詩。而春秋桓十五年有家父來求車。於周爲桓王之世。上距幽王之終已七十五年。不知其人之同異。大抵序之時世皆不足信。今姑闕焉可也。

正音政月繁霜。我心憂傷。民之訛言。亦孔之將。念我獨兮。憂心京京。叶居良反哀我小心。癙音鼠憂以痒。音羊

賦也。正月。夏之四月。謂之正月者。以純陽用事爲正陽之月也。繁。多。訛。僞。將。大也。京京。亦大也。癙憂。幽憂也。痒。病也。○此詩亦大夫所作。言霜降失節。不以其時。既使我心憂傷矣。而造爲姦僞之言以惑羣聽者。又方甚大。然衆人莫以爲憂。故我獨憂之以至於病也。

○父母生我。胡俾我瘉。音庾不自我先。不自我後。叶下五反好言自口。叶孔五反。下同莠餘久反言自口。憂心愈愈。是以有侮。

賦也。瘉，病。自，從。莠，醜也。愈愈，益甚之意。○疾痛故呼父母而傷己適丁是時也。訛言之人，虛僞反覆言之好醜，皆不出於心而但出於口。是以我之憂心益甚，而反見侵侮也。

○憂心惸惸（其營反）。念我無祿。民之無辜。并（必政反）其臣僕。哀我人斯。于何從祿。瞻烏爰止。于誰之屋。

賦也。惸惸，憂意也。無祿，猶言不幸爾。辜，罪。并，俱也。古者以罪人爲臣僕。亡國所虜亦以爲臣僕。箕子所謂商其淪喪，我罔爲臣僕，是也。○言不幸而遭國之將亡，與此無罪之民，將俱被囚虜而同爲臣僕。未知將復從何人而受祿。如視烏之飛，不知其將止於誰之屋也。

孔之將。念我獨兮。憂心京京（叶居良反）。哀我小心。癙（音鼠）憂以痒（音羊）。

賦也。正月，夏之四月。謂之正月者，以純陽用事，爲正陽之月也。繁，多。訛，僞。將，大也。京京，亦大也。癙憂，幽憂也。痒，病也。○此詩亦大夫所作。言霜降失節，不以其時，既使我心憂傷矣。而造爲姦僞之言，以惑羣聽者，又方甚大。然衆人莫以爲憂，故我獨憂之，以至於病也。

○父母生我。胡俾我瘉（音庾）。不自我先。不自我後（叶下五反）。好言自口（叶孔五反，下同）。莠（餘久反）言自口。憂心愈愈。是以有侮。

包胥使人謂之曰子之報讎其以甚乎吾聞云云

○謂山蓋卑。爲岡爲陵。民之訛言。寧莫之懲。召彼故老。訊（音信）之占夢。具曰予聖。誰知烏之雌雄（叶胡陵反）

賦也。山脊曰岡。廣平曰陵。懲。止也。故老。舊臣也。訊。問也。占夢。官名。掌占夢者也。具。俱也。烏之雌雄。相似而難辨者也。○謂山蓋卑而其實則岡陵之崇也。今民之訛言如此矣。而王猶安然莫之止也。及其詢之故老。訊之占夢。則又皆自以爲聖人。亦誰能別其言之是非乎。子思言於衛侯曰。君之國事將日非矣。公曰。何故。對曰。有由然焉。君出言自以爲是。而

卿大夫莫敢矯其非。卿大夫出言亦自以爲是。而士庶人莫敢矯其非。君臣既自賢矣。而群下同聲賢之。賢之則順而有福。矯之則逆而有禍。如此則善安從生。詩曰。具曰予聖。誰知烏之雌雄。抑亦似君之君臣乎

○謂天蓋高。不敢不局（叶居亦反）。謂地蓋厚。不敢不蹐（井亦反）。維號（音豪）斯言。有倫有脊。哀今之人。胡爲虺（許鬼反）蜴（星歷反）

賦也。局。曲也。蹐。累足也。號。長言之也。脊。理。蜴螈也。虺蜴。皆毒螫之蟲也。○言遭世之亂。天雖高而不敢不局。地雖厚而不敢不蹐。其所號呼而爲此言者。又皆有倫理而可考也。哀

今之人。胡爲肆毒以害人。而使之至此乎。【音釋】爾雅蠑螈蜥蜴。蝘蜓。守宮疏。一物而四名。在草澤中者名蠑螈蜥蜴。在壁名蝘蜓守宮也。蜓。徒典反

○瞻彼阪（音反）田。有菀（音鬱）其特。天之扤（五忽反）我。如不我克。彼求我則。如不我得。執我仇仇。亦不我力。

興也。阪田。崎嶇墝埆之處。菀。茂盛之貌。特。特生之苗也。扤。動也。力。謂用力。○瞻彼阪田。猶有菀然之特。而天之扤我。如恐其不我克。何哉。亦無所歸咎之詞也。夫始而求之以爲法則。惟恐不我得也。及其得之。則又執我堅固如仇讎然。然終亦莫能用也。求之甚艱。而棄之甚易。其無常如此

○心之憂矣。如或結之。今茲之正。胡然厲（叶力蘗反）矣。燎（力詔反）之方揚。寧或滅之。赫赫宗周。褒姒（音似）烕（呼悅反）之。

賦也。正。政也。厲。暴惡也。火田爲燎。揚。盛也。宗周。鎬京也。褒姒。幽王之嬖妾。褒國女姒姓也。烕。亦滅也。○言我心之憂如結者。爲國政之暴惡故也。燎之方盛之時。則寧有能撲而滅之者乎。然赫赫然之宗周。而一褒姒足以滅之。蓋傷之也。時宗周未滅。以褒姒淫妒讒諂。而王惑之。知其必滅周也。或曰。此東遷後詩也。時宗周已滅矣。其言褒姒烕之。有監戒之

意。而無憂懼之情。似亦道已然之事。而非慮其將然之詞。今亦未能必其然否也。

○終其永懷。又窘（求隕反）陰雨。其車既載。（才再反）乃棄爾輔。（叶扶雨反）載（如字）輸爾載。（才非反）將（七羊反）伯助予。（叶濵文反）

比也。陰雨則泥濘而車易以陷也。載車所載也。輔如今人縛杖於輻以防輔車也。輸墮也。將請也。伯或者之字也。○蘇氏曰。王爲淫虐譬如行險而不知止。君子永思其終。知其必有大難。故曰終其永懷。又窘陰雨。王又不虞難之將至而棄賢臣焉。故曰乃棄爾輔。君子求助於未危。故難不至。苟其載之既墮而後號伯以助予。則無及矣。

音釋 難乃旦反

○無棄爾輔。員（音云）于爾輻。（方六反叶筆力反）屢顧爾僕。不輸爾載。（叶節力反）終踰絕險。曾是不意。（叶乙力反）

比也。員益也。輔所以益輻也。屢數顧視也。僕將車者也。○此承上章言若能無棄爾輔以益其輻。而又數數顧視其僕。則不墮爾所載而踰於絕險。若初不以爲意者。蓋能謹其初則厭終無難也。一說。王曾不以是爲意乎。

音釋 數所角反

○魚在于沼。（之紹反。叶音灼）亦匪克樂。（音洛）潛雖伏矣。亦孔之炤。（音灼）憂心慘慘。（七感反。當作懆。七各反）

念國之爲虐

比也。沼，池也。炤，明易見也。○魚在于沼，其爲生已蹙矣。其潛雖深，然亦炤然而易見。言禍亂之及，無所逃也。

○彼有旨酒。又有嘉殽。（戶交反，無韻未詳）洽比（毗志反）其鄰。昏姻孔云。念我獨兮。憂心慇慇。

賦也。洽、比，皆合也。云，旋也。慇慇然痛也。○言小人得志，有旨酒嘉殽以合比其鄰里，怡懌其昏姻，而我獨憂心至於疚痛也。昔人有言：燕雀處堂，母子相安，自以爲樂也。突決棟焚，而怡然不知禍之將及，其此之謂乎。

【音釋】燕雀處堂，出孔叢子論勢篇。又三國吳使薛珝使蜀反，曰：臣聞燕雀處堂，母子相安云云。

○佌佌（音此）彼有屋。蔌蔌（音速）方有穀。民今之無祿。天夭（於遙反）是椓（陟角反，叶都木反）。哿（哥我反）矣富人。哀此惸獨。

賦也。佌佌，小貌。蔌蔌，窶陋貌。指王所用之小人也。穀，祿。夭，禍。椓，害。哿，可。獨，單也。○佌佌然之小人，既已有屋矣；蔌蔌窶陋者，又將有穀矣。而民今獨無祿者，是天禍椓喪之耳。亦無所歸怨之詞也。亂至於此，富人猶或可勝，惸獨甚矣。此孟子所以言文王發政施仁，必先鰥寡孤獨也。

正月十三章八章章八句五章章六句

十月之交朔日辛卯(叶莫後反)日有食之亦孔之醜彼月而微此日而微今此下民亦孔之哀(叶於希反)

賦也十月以夏正言之建亥之月也交日月交會謂晦朔之間也曆法周天三百六十五度四分度之一左旋於地一晝一夜則其行一周而又過一度日月皆右行於天一晝一夜則日行一度月行十三度十九分度之七故日一歲而一周天月二十九日有竒而一

周天又逐及於日而與之會一歲凡十二會方會則月光都盡而爲晦已會則月光復蘇而爲朔朔後晦前各十五日日月相對則月光正滿而爲望晦朔而日月之合東西同度南北同道則月揜日而日爲之食望而日月之對同度同道則月亢日而月爲之食是皆有常度矣然王者脩德行政用賢去奸能使陽盛足以勝陰陰衰不能侵陽則日月之行雖或當食而月常避日故其遲速高下必有參差而不正相合不正相對者所以當食而不食也若國無政不用善使臣子背君父妾婦乘其夫小人陵君子夷狄侵中國則陰盛陽微當食必食雖曰行有常度而實爲非常之變矣蘇氏曰日食天變之大者也然正陽之月古尤忌之夏之四月爲純陽故謂之正月十月純陰疑其無陽故謂之陽月純陽而

食。陽弱之甚也。純陰而食。陰壯之甚也。微。虧也。彼月則宜有時而虧矣。此日不宜虧而今亦虧。是亂亡之兆也。

音釋 奇居宜反。復扶又反。亢苦浪反。去起呂反。參初簪反。差又宜反。背音佩。日月之說。與蔡氏書傳說異。蓋蔡本儒家之言。而詩傳則以曆法退數筭之。本孔疏之說。故於上文首以曆法冠之

○日月告凶。不用其行。叶户郎反四國無政。不用其良。彼月而食。則維其常。此日而食。于何不臧。

賦也。行。道也。○凡日月之食。皆有常度矣。而以為不用其行者。月不避日。失其道也。然其所以然者。則以四國無政。不用善人故也。如此。則日月之食。皆非常矣。而以月食為其常。日食為不臧者。陰亢陽而不勝。猶可言也。陰勝陽而揜之。不可言也。故春秋日食必書。而月食則無紀焉。亦以此爾

○爗爗于輒反震電。不寧不令。叶盧經反百川沸騰。山冢崒祖恤反崩。高岸為谷。深谷為陵。哀今之人。胡憯七感反莫懲。

賦也。爗爗。電光貌。震。雷也。寧。安徐也。令。善。沸出。騰。乘也。山頂曰冢。崒。崔嵬也。高岸崩陷。故為谷。深谷塡塞。故為陵。憯。曾也。○言非但日食而已。十月而雷電。山崩水溢。亦災異之甚

者。是宜恐懼脩省。改紀其政。而幽王曾莫之懲也。董子曰。國家將有失道之敗。而天乃先出災異以譴告之。不知自省。又出怪異以警懼之。尚不知變。而傷敗乃至。此見天心仁愛人君。而欲止其亂也。

○皇父音甫卿士。番維司徒。家伯維宰。仲允膳夫。聚側留反子內史。蹶俱衛反維趣七走反馬。叶滿補反楀音矩維師氏。豔餘贍反妻煽音扇方處。

賦也。皇父。家伯。仲允。皆字也。番。聚。蹶。楀。皆氏也。卿士。六卿之外。更爲都官以總六官之事也。或曰。卿士。蓋卿之士。周禮太宰之屬有上中下士。公羊所謂宰士。左氏所謂周公以蔡

仲爲已卿士。是也。蓋以宰屬而兼總六官。位卑而權重也。司徒掌邦教。冢宰掌邦治。皆卿也。膳夫。上士。掌王之飲食膳羞者也。內史。中大夫。掌爵祿廢置殺生予奪之法者也。趣馬。中士。掌王馬之政者也。師氏。亦中大夫。掌司朝得失之事者也。美色曰豔。豔妻。卽褒姒也。煽。熾也。方處。方居其所。未變徙也。○言所以致變異者。由小人用事於外。而嬖妾蠱惑王心於內。以爲之主故也。

○抑此皇父。豈曰不時。胡爲我作。不卽我謀。叶謨悲反徹我牆屋。田卒汙音烏萊。叶陵之反曰予不戕。在良反禮則然矣。叶於姬反

賦也。抑。發語詞。時。農隙之時也。作。動。即。就。卒。盡也。汙。停水也。萊。草穢也。戕。害也。○言皇父不自以爲不時。欲動我以從而不與我謀。乃遽徹我牆屋。使我田不獲。治卑者汙而高者萊。又曰非我戕汝。乃下供上役之常禮耳

○皇父孔聖。作都于向。式亮反。下同擇三有事。亶侯多藏。才浪反不憖魚覲反遺一老。俾守我王。叶于放反擇有車馬。以居徂向

賦也。孔。甚也。聖。通明也。都。大邑也。周禮。畿內大都方百里。小都方五十里。皆天子公卿所封也。向。地名。在東都畿內。今孟州河陽縣是也。三有事。三卿也。亶。信。侯。維。藏。蓄也。憖者。心不欲而自強之詞。有車馬者。亦富民也。徂。往也。○言皇父自以爲聖。而作都則不求賢。而但取富人以爲卿。又不自強留一人以衛天子。但有車馬者。則悉與俱往。不忠於上。而但知貪利以自私也

○黽民允反勉從事。不敢告勞。無罪無辜。讒口囂囂。五刀反下民之孽。魚列反匪降自天。叶鐵因反噂子損反沓徒合反背蒲昧反憎。職競由人

賦也。囂囂。衆多貌。孽。災害也。噂。聚也。沓。重複也。職。主。競。力也。○言黽勉從皇父之役。未嘗敢告勞也。猶且無罪而遭讒。然下民之孽。非天之所爲也。噂噂沓沓。多言以相說。而背則相

憎。專力爲此。者皆由讒口之人耳

○悠悠我里。亦孔之痗。（莫背反。叶呼洧反）四方有羨（徐面反）我獨居憂。民莫不逸。我獨不敢休。天命不徹（叶直質反）我不敢傚我友自逸

賦也。悠悠。憂也。里。居。痗。病。羨。餘。逸。樂。徹。均也。○當是之時。天下病矣。而獨憂我里之甚病。且以爲四方皆有餘。而我獨憂。衆人皆得逸豫。而我獨勞者。以皇父病之。而被禍尤甚。故也。然此乃天命之不均。吾豈敢不安於所遇。而必傚我友之自逸哉

十月之交八章章八句

浩浩昊天。不駿其德。降喪（息浪反）饑饉（其斬反）斬伐四國。（叶于逼反）昊（密巾反）天疾威。弗慮弗圖。舍（音赦）彼有罪。既伏其辜。若此無罪。淪胥以鋪（普烏反）

賦也。浩浩。廣大也。昊。亦廣大之意。駿。大。德。惠也。穀不熟曰饑。蔬不熟曰饉。疾威。猶暴虐也。慮圖。皆謀也。舍。置。淪。陷。胥。相。鋪。徧也。○此時饑饉之後。羣臣離散。其不去者。作詩以責去者。故推本而言昊天不大其惠。降此饑饉。而殺伐四國之人。如何昊天曾不慮圖謀。而遽爲此乎。彼有罪而饑死。則是既伏其辜矣。舍之可也。此無罪者。亦相與而陷於死亡。則

如之何哉

○周宗既滅。靡所止戾。正大夫離居。莫知我勩。夷世反三事大夫。莫肯夙夜。叶弋灼反邦君諸侯。莫肯朝夕。叶祥龠反庶曰式臧。覆芳服反出爲惡

賦也。宗。族姓也。戾。定也。正。長也。周官八職。一曰正。謂六官之長。皆上大夫也。離居。蓋以饑饉散去。而因以避讒譖之禍也。我。不去者自我也。勩。勞也。三事。三公也。大夫。六卿及中下大夫也。臧。善。覆。反也。○言將有易姓之禍。其兆已見。而天變人離又如此。庶幾曰王改而爲善。乃覆出爲惡而不悛也。或曰。疑此亦東遷後詩也。

音釋 長。知丈反。天官小宰八職。一曰正。二曰師。三曰司。四曰旅。五曰府。六曰中。七曰胥。八曰徒。悛。七全反

○如何昊天。叶鐵因反。下同辟言不信。叶斯人反如彼行邁。則靡所臻。凡百君子。各敬爾身。胡不相畏。不畏于天。

賦也。如何昊天。呼天而訴之也。辟。法。臻。至也。凡百君子。指羣臣也。○言如何乎昊天也。法度之言而不聽信。則如彼行往而無所底至也。然凡百君子。豈可以王之爲惡。而不敬其身哉。不敬爾身。不相畏也。不相畏。不畏天也

○戎成不退（叶吐類反下同）飢成不遂。曾（在登反）我
暬御（思列反）憯憯（千感反）日瘁（徂醉反）。凡百君子。莫
肯用訊（叶息悴反）聽言則答。譖言則退
賦也。戎。兵。遂。進也。易曰。不能退。不能遂。是也。
暬御。近侍也。國語曰。居寢有暬御之箴。蓋如
漢侍中之官也。憯憯。憂貌。瘁。病。訊。告也。○言
兵寇已成。而王之為惡不退。飢饉已成。而王
之遷善不遂。使我暬御之臣。憂之而憯憯日
瘁也。凡百君子。莫肯以是告王者。雖王有問
而欲聽其言。則亦答之而已。不敢盡言也。一
有譖言及己。則皆退而離居。莫肯夙夜朝夕
於王矣。其意若曰。王雖不善。而
君臣之義。豈可以若是恝乎

○哀哉不能言。匪舌是出（尺遂反）。維躬是
瘁。哿矣能言。巧言如流。俾躬處休
賦也。出。出之也。瘁。病。哿。可也。○言之忠者。當
世之所謂不能言者也。故非但出諸口。而適
以瘁其躬。佞人之言。當世所謂能言者也。故
巧好其言。如水之流。無所凝滯。而使其身處
於安樂之地。蓋亂世昏主。惡忠直而
好諛佞。類如此。詩人所以深歎之也
○維曰于仕（鉏里反）。孔棘且殆（叶養里反）。云不可
使。得罪于天子（叶獎里反）。亦云可使。怨及朋
友（叶羽已反）

賦也。于，往。棘，急。殆，危也。○蘇氏曰，人皆曰往仕耳。曾不知仕之急且危也。當是之時，直道者王之所謂不可使，而枉道者王之所謂可使也。直道者得罪于君，而枉道者見怨于友。此仕之所以難也。

○謂爾遷于王都。曰予未有室家。叶古胡反 鼠思息嗣反泣血。叶虛屈反 無言不疾。昔爾出居。誰從作爾室。

賦也。爾，謂離居者。鼠思，猶言癙憂也。○當是時，言之難能，而仕之多患如此。故羣臣有去者，有居者。居者不忍王之無臣，已之無徒，則告去者使復還於王都。去者不聽，而托於無家以拒之。至於憂思泣血，有無言而不痛疾者。蓋其懼禍之深，至於如此。然所謂無家者，則非其情也。故詰之曰：昔爾之去也，誰為爾作室者，而今以是辭我哉。

雨無正七章，二章章十句，二章章八句，三章章六句。

歐陽公曰：古之人於詩多不命題，而篇名往往無義例。其或有命名者，則必述詩之意，如巷伯、常武之類是也。今雨無正之名，據序所言與詩絕異，當闕其所疑。元城劉氏曰：嘗讀韓詩，有雨無極篇，序云：雨無極，正大夫刺幽王也。至其詩之文，則比毛詩篇首多雨無其極，傷我稼穡八字。愚按劉說似有理。然第一二

章本皆十句今遽增之則長短不齊非詩之例又此詩實正大夫離居之後暬御之臣所作其曰正大夫刺幽王者亦非是且其爲幽王詩亦未有所考也

祈父之什十篇六十四章四百二十六句

詩卷之十一

小旻之什二之五

朱熹集傳

旻天疾威、敷于下土。謀猶回遹、音聿何日斯沮。在呂反謀臧不從、不臧覆用。叶于封反我視謀猶、亦孔之邛。其凶反

賦也。旻、幽遠之意。敷、布。猶、謀。回、邪。遹、辟。沮、止。臧、善。覆、反。邛、病也。○大夫以王惑於邪謀、不能斷以從善、而作此詩。言旻天之疾威、布于下土。使王之謀猶邪辟、無日而止。謀之善者則不從、而其不善者反用之。故我視其謀猶亦甚病也。

音釋　辟音僻。斷丁貫反

○潝潝許急反訿訿、音紫亦孔之哀。叶於希反謀之其臧、則具是違。謀之不臧、則具是依。我視謀猶、伊于胡底。之履反叶都黎反

賦也。潝潝、相和也。訿訿、相詆也。具、俱。底、至也。○言小人同而不和、其慮深矣。然於謀之善者則違之、其不善者則從之。亦何能有所定乎。

音釋　相和、和之去聲

○我龜既厭、不我告猶。叶丁救反謀夫孔多。是用不集。韓詩作就。叶疾救反發言盈庭、誰敢執其

咎。叶巨又反如匪行邁謀。是用不得于道。叶徒候反
賦也。集。成也。○卜筮數。則瀆而龜厭之。故不
復告其所圖之吉凶。謀夫衆。則是非相奪而
莫適所從。故所謀終亦不成。蓋發言盈庭。各
是其是。無肯任其責而決之者。有猶不行不邁
而坐謀所適。謀之雖審。〔音釋〕數。音朔。
而亦何得於道路哉。適。音的。
○哀哉爲猶。匪先民是程。匪大猶是
經。維邇言是聽。叶平聲維邇言是爭。叶側陘反如
彼築室于道謀。是用不潰于成
賦也。先民。古之聖賢也。程。法。猶。道。經。常。潰。遂
也。○言哀哉今之爲謀。不以先民爲法。不以

大道爲常。其所聽而爭者。皆淺末之言。以是
相持。如將築室而與行道之人謀之。人人得
爲異論。其能有成也哉。古語曰。
作舍道邊。三年不成。蓋出於此。
○國雖靡止。或聖或否。方九反叶補美反民雖靡
膴。火吳反或哲或謀。叶莫徒反或肅或艾。音乂如彼
泉流。無淪胥以敗。叶蒲寐反
賦也。止。定也。聖。通明也。膴。大也。多也。艾。與乂
同。治也。淪。陷。胥。相也。○言國論雖不定。然有
聖者焉。有否者焉。民雖不多。然有哲者焉。有
謀者焉。有肅者焉。有艾者焉。但王不用善。則
雖有善者。不能自存。將如泉流之不反。而淪
胥以至於敗矣。聖哲謀肅艾。即洪範五事之

德。豈作此詩者亦傳箕子之學也與

○不敢暴虎。不敢馮（皮冰反）河。人知其一。莫知其他。（湯河反）戰戰兢兢。如臨深淵。（叶一均反）如履薄冰

賦也。徒搏曰暴。徒涉曰馮。如馮几然也。戰戰恐也。兢兢戒也。如臨深淵。恐墜也。如履薄冰。恐陷也。○衆人之慮不能及遠。暴虎馮河之患近而易見。則知避之。喪國亡家之禍隱於無形。則不知以爲憂也。故曰戰戰兢兢。如臨深淵。如履薄冰。懼及其禍之詞也。【音釋】易，以豉反。喪，息浪反。

小旻六章三章章八句三章章七句

蘇氏曰。小旻小宛小弁小明四詩皆以小名篇。所以別其爲小雅也。其在小雅者謂之小。故其在大雅者謂之召旻大明。獨宛弁闕焉。意者孔子刪之矣。雖云其大。而其小者猶謂之小。蓋即用其舊也。【音釋】別，彼列反。去，起呂反。

宛（於阮反）彼鳴鳩。翰（胡旦反）飛戾天。（叶鐵因反）我心憂傷。念昔先人。明發不寐。有懷二人。

興也。宛小貌。鳴鳩斑鳩也。翰羽。戾至也。明發謂將旦而光明開發也。二人父母也。○此大

夫遭時之亂。而兄弟相戒以免禍之詩。故言彼宛然之小鳥。亦翰飛而至于天矣。則我心之憂傷。豈能不念昔之先人哉。是以明發不寐。而有懷乎父母也。言此以為相戒之端

○人之齊聖。飲酒溫克。彼昏不知。壹醉日富。叶筆力反各敬爾儀。天命不又。叶夷益反

賦也。齊肅也。聖通明也。克勝也。富猶甚也。又復也。○言齊聖之人。雖醉猶溫恭自持以勝。所謂不為酒困也。彼昏然而不知者。則一於醉而日甚矣。於是言各敬謹爾之威儀。天命已去。將不復來。不可以不恐懼也。時王以酒敗德。臣下化之。故此兄弟相戒。首以為說

○中原有菽。音叔庶民采之。叶此禮反螟音冥蛉音零有子。蜾音果蠃力果反負叶蒲美反之。教誨爾子。式穀似叶養里反之

興也。中原原中也。菽大豆也。螟蛉桑上小青蟲也。似步屈。蜾蠃土蜂也。似蜂而小腰。取桑蟲負之於木空中。七日而化為其子。式用。穀善也。○中原有菽。則庶民采之矣。以興善道人皆可行也。螟蛉有子。則蜾蠃負之。以興不似者可教而似也。教誨爾子。則用善而似之可也。善也。似也。終上文兩句所興而言也。戒之以不惟獨善其身。又當教其子使為善也

○題大計反彼脊令。音零載飛載鳴。我日斯邁。而月斯征。夙興夜寐。無忝爾所生

叶桑
經反

興也。題。視也。脊令飛則鳴。行則搖。載。則。而。汝。
忝。辱也。○視彼脊令。則且飛而且鳴矣。我既
日斯邁。則汝亦月斯征矣。言當各務努力。不
可暇逸取禍。恐不及相救恤也。夙興夜寐。各
求無辱於
父母而已

○交交桑扈。音戶率場啄粟。哀我塡。都田反
寡。宜岸宜獄。握粟出卜。自何能穀

興也。交交。往來之貌。桑扈。竊脂也。俗呼青觜。
肉食不食粟。塡與瘨同。病也。岸。亦獄也。韓詩
作犴。鄉亭之繫曰犴。朝廷曰獄。○扈不食粟。
而今則率場啄粟矣。病寡不宜岸獄。今則宜

岸宜獄矣。言王不恤鰥寡。喜陷之於刑辟也。
然不可不求所以自善之道。故握持其粟出
而卜之曰。何自而能善乎。
言握粟。以見其貧窶之甚

○溫溫恭人。如集于木。惴惴之瑞反小心
如臨于谷。戰戰兢兢。如履薄冰

賦也。溫溫。和柔貌。如集于木。
恐隊也。如臨于谷。恐隕也

小宛六章。章六句

此詩之詞最爲明白。而意極懇至。說者
必欲爲刺王之言。故其說穿鑿破碎。無
理尤甚。今悉改
定。讀者詳之

弁（薄干反）彼鸒（音豫）斯。（叶先齊反）歸飛提提（是移反）。民莫不穀。我獨于罹。何辜于天。我罪伊何。心之憂矣。云如之何。

興也。弁，飛拊翼貌。鸒，雅烏也。小而多羣，腹下白。江東呼爲鵯烏。斯，語詞也。提提，羣飛安閒之貌。穀，善。罹，憂也。○舊說幽王太子宜臼被廢而作此詩。言弁彼鸒斯，則歸飛提提矣。民莫不善，而我獨于憂，則鸒斯之不如也。何辜于天，我罪伊何者，怨而慕也。舜號泣于旻天。曰父母之不我愛，於我何哉。蓋如此矣。心之憂矣，云如之何，則知其無可奈何而安之之詞也。【音釋】雅與鵯同。純黑反哺者謂之烏。不反哺者謂之鵯。鵯，匹卑二音。

○踧踧（徒歷反）周道（叶徒苟反）。鞫（九六反）爲茂草（叶此苟反）。我心憂傷。惄（乃歷反）焉如擣（丁老反，叶丁口反）。假寐永嘆。維憂用老（叶魯口反）。心之憂矣。疢（丑覲反）如疾首。

興也。踧踧，平易也。周道，大道也。鞫，窮。惄，思。擣，舂也。不脫衣冠而寐曰假寐。疢，猶疾也。○踧踧周道，則將鞫爲茂草矣。我心憂傷，則惄焉如擣矣。精神憒眊，至於假寐之中而不忘永嘆。憂之之深，是以未老而老也。疢如疾首，則又憂之甚矣。

○維桑與梓（叶奬里反）。必恭敬止。靡瞻匪父。靡依匪母（叶滿彼反）。不屬（音燭）于毛。不離于裏。

天之生我我辰安在叶此里反

興也。桑梓二木。古者五畝之宅。樹之墻下以遺子孫給蠶食具器用者也。瞻者尊而仰之。依者。親而倚之。屬連也。毛膚體之餘氣末屬也。離麗也。裏心腹也。辰猶時也。○言桑梓父母所植。尚且必加恭敬。況父母至尊至親。宜莫不瞻依也。然父母之不我愛。豈我不屬于父母之毛乎。豈我不離于父母之裏乎。無所歸咎。則推之於天曰。豈我生時不善哉。何不祥至是也

○菀音鬱彼柳斯鳴蜩音條嘒嘒呼惠反有漼千罪反者淵萑音丸葦韋鬼反淠淠孚計反譬彼舟流。

不知所屆音戒叶居氣反心之憂矣不遑假寐

興也。菀茂盛貌。蜩蟬也。嘒嘒聲也。漼深貌。淠淠衆也。屆至。遑暇也。○菀彼柳斯。則鳴蜩嘒嘒矣。有漼者淵。則萑葦淠淠矣。今我獨見棄逐。如舟之流于水中。不知其何所至乎。是以憂之之深。昔猶假寐而今不暇也

○鹿斯之奔維足伎伎其宜反雉之朝雊古豆反尚求其雌叶千西反譬彼壞胡罪反木疾用無枝心之憂矣寧莫之知

興也。伎伎舒貌。宜疾而舒。留其羣也。雊雉鳴也。壞傷病也。寧猶何也。○鹿斯之奔。則足伎

伎然雉之朝雊亦知求其妃匹今我獨見棄逐如傷病之木憔悴而無枝是以憂之而人莫之知也

○相息亮反彼投兔尚或先蘇薦反叶蘇晉反之行有死人尚或墐音覲之君子秉心維其忍之心之憂矣涕既隕音蘊之

興也相視投奔行道墐埋秉執隕墜也○相彼被逐而投人之兔尚或有哀其窮而先脫之者道有死人尚或有哀其暴露而埋藏之者蓋皆有不忍之心焉今王信讒棄逐其子曾視投兔死人之不如則其秉心亦忍矣是以心憂而涕隕也

○君子信讒如或醻市由反叶市救反之君子不惠不舒究之伐木掎寄彼反叶居何反矣析薪杝勑氏反叶湯何反矣舍音捨彼有罪予之佗吐賀反叶湯何反矣

賦而興也醻報惠愛舒緩究察也掎倚也以物倚其巔也杝隨其理也佗加也○言王惟讒是聽如受醻爵得即飲之曾不加惠愛舒緩而究察之夫苟舒緩而究察之則讒者之情得矣伐木者尚倚其巔析薪者尚隨其理皆不妄挫折之今乃捨彼有罪之譖人而加我以非其罪曾伐木析薪之不若也此則興也

○莫高匪山叶所旃反莫浚蘇俊反匪泉君子無

易（夷䜴反）由言。耳屬（音燭）于垣。無逝我梁。無發我笱。我躬不閱。遑恤我後。

賦而比也。山極高矣。而或陟其巔。泉極深矣。而或入其底。故君子不可易於其言。恐耳屬于垣者。有所觀望左右而生讒譖也。王於是卒以褒姒爲后。伯服爲大子。故告之曰。毋逝我梁。毋發我笱。我躬不閱。遑恤我後。蓋比詞也。東萊呂氏曰。唐德宗將廢太子而立舒王。李泌諫之。且曰。願陛下還宮。勿露此意。左右聞之。將樹功於舒王。太子危矣。此正君子無易由言耳屬于垣之謂也。小弁之作。太子既廢矣。而猶云爾者。蓋推本亂之所由生。言語以爲階也。

小弁八章章八句

幽王娶於申。生太子宜臼。後得褒姒而惑之。生子伯服。信其讒。黜申后。逐宜臼。而宜臼作此以自怨也。序以爲太子之傳述太子之情以爲是詩。不知其何所據也。傳曰。高子曰。小弁小人之詩也。孟子曰。何以言之。曰。怨。曰。固哉高叟之爲詩也。有人於此。越人關弓而射之。則己談笑而道之。無他。疏之也。其兄關弓而射之。則己垂涕泣而道之。無他。戚之也。小弁之怨。親親也。親親仁也。固矣夫高叟之爲詩也。曰。凱風何以不怨。曰。凱風。親之過小者也。小弁。親之過大者也。親之過大而不怨。是愈疏也。親之過小而怨。是不可磯也。愈疏。不孝也。不可磯。亦

不孝也。孔子曰。舜其至孝矣。五十而慕

悠悠昊天。曰父母且。（子餘反）無罪無辜。亂如此憮。（火吳反）昊天已威。（叶紆胃反）予慎無罪。（叶音悴）昊天泰憮。予慎無辜。

賦也。悠悠。遠大之貌。且。語詞。憮。大也。已。泰。皆甚也。慎。審也。○大夫傷於讒。無所控告。而訴之於天曰。悠悠昊天。爲人之父母。胡爲使無罪之人。遭亂如此其大也。昊天之威。已甚矣我審無罪也。昊天之威。甚大矣。我審無辜也。此訴而求免之詞也。

○亂之初生。僭（側蔭反）始旣涵。（音含）亂之又生。君子信讒。君子如怒。（叶奴五反）亂庶遄（市專反）沮。（慈呂反）君子如祉。（音恥）亂庶遄已。

賦也。僭始。不信之端也。涵。容受也。君子。指王也。遄。疾。沮。止也。祉。猶喜也。○言亂之所以生者。由讒人以不信之言始入。而王涵容不察其眞僞也。亂之又生者。則旣信其讒言而用之矣。君子見讒人之言。若怒而責之。則亂庶幾遄沮矣。見賢者之言。若喜而納之。則亂庶幾遄已矣。今涵容不斷。讒信不分。是以讒者益勝。而君子益病也。蘇氏曰。小人爲讒於其君。必以漸入之。其始也進而嘗之。君容之而不拒。知言之無忌。於是復進。旣而君信之。然後亂成。

音釋 斷。丁貫反。復。扶又反。

○君子屢盟(叶謨郎反)亂是用長(張丈反叶直良反)君子信盜亂是用暴盜言孔甘亂是用餤(音談)匪其止共(音恭)維王之邛(其恭反)

賦也。屢數也。盟邦國有疑則殺牲歃血告神以相要束也。盜指讒人也。餤進。邛病也。○言君子不能已亂而屢盟以相要則亂是用長矣。君子不能堲讒而信盜以爲虐則亂是用暴矣。讒言之美如食之甘使人嗜之而不厭則亂是用進矣。然此讒人不能供其職事徒以爲王之病而已。夫良藥苦口而利於病。忠言逆耳而利於行。維其言之甘而悅焉則其國豈不殆哉

【音釋】數音朔。歃所甲反。要平聲。要勒也。堲在力反。疾也

○奕奕寢廟君子作之秩秩大猷聖人莫之他人有心予忖(七損反)度(音鐸)之躍躍(他歷反)毚(士咸反)兔遇犬獲(叶黃郭反)之

興而比也。奕奕大也。秩秩序也。猷道。莫定也。躍躍跳疾貌。毚狡也。○秩秩大猷則聖人莫之。奕奕寢廟則君子作之。以興他人有心則予得而忖度之。而又以躍躍毚兔遇犬獲之比焉。反覆興比以見讒人之心我皆得之不能隱其情也

○荏(而甚反)染柔木君子樹(叶上主反)之往來行言心焉數(所主反)之蛇蛇(以支反)碩言出自口

（叶孔五反）矣。巧言如簧，顏之厚（叶胡五反）矣。

興也。荏染，柔貌。柔木，桐梓之屬可用者也。行言，行道之言也。數，辨也。蛇蛇，安舒也。碩，大也。行言，謂善言也。顏厚者，頑不知恥也。○荏染柔木，則君子樹之矣。往來行言，則心能辨之矣。若善言出於口者，宜也。巧言如簧，則豈可出於口哉。言之徒可羞愧，而彼顏之厚不知以為恥也。孟子曰：為機變之巧者，無所用恥焉。其斯人之謂與。

○彼何人斯，居河之麋（音眉）。無拳（音權）無勇，職為亂階（叶居奚反）。既微且尰（市勇反），爾勇伊何。為猶將多，爾居徒幾（音紀。叶居希反）何。

賦也。何人，斥讒人也。此必有所指矣，賤而惡之，故為不知其姓名而曰何人也。斯，語辭也。水草交謂之麋。拳，力。階，梯也。骭瘍為微，腫足為尰。猶，謀。將，大也。○言此讒人居下濕之地，雖無拳勇可以為亂，而讒口交鬬，專為亂之階梯。又有微尰之疾，亦何能勇哉。而為讒謀則大且多如此，是必有助之者矣。然其所與居之徒眾幾何人哉。言亦不能甚多也。

音釋　惡，烏故反。骭，戶諫反。脚脛也。瘍，音羊，瘡也。

巧言六章，章八句。

以五章巧言二字名篇

彼何人斯，其心孔艱（叶居銀反）。胡逝我梁，不

入我門叶眉貧反伊誰云從維暴之云

賦也何人亦若不知其姓名也孔甚艱險也我舊說以爲蘇公也暴暴公也皆畿內諸侯也○舊說暴公爲卿士而譖蘇公故蘇公作詩以絕之然不欲直斥暴公故但指其從行者而言彼何人者其心甚險胡爲往我之梁而不入我之門乎既而問其所從則暴公也夫以從暴公而不入我門則暴公之譖已也明矣但舊說於詩無明文可考未敢信其必然耳

音釋 從行之從才用反

○二人從行誰爲此禍胡果反胡逝我梁不入唁我始者不如今云不我可

賦也二人暴公與其徒也唁弔失位也言二人相從而行不知誰譖已而禍之乎既使我得罪矣而其逝我梁也又不入而唁我汝始者與我親厚之時豈嘗如今不以我爲可乎

○彼何人斯胡逝我陳我聞其聲不見其身不愧于人不畏于天叶鐵因反

賦也陳堂塗也堂下至門之徑也○在我之陳則又近矣聞其聲而不見其身言其蹤跡之詭秘也不愧于人則以人爲可欺也天不可欺女獨不畏于天乎奈何其譖我也

音釋 女音汝

○彼何人斯。其為飄風。(叶孚愔反) 胡不自北。胡不自南。(叶尼心反) 胡逝我梁。祇(音支) 攪(交卯反) 我心

賦也。飄風暴風也。攪擾亂也。○言其往來之疾若飄風。飄風然自北自南。則與我不相値也。今則逝我之梁。則適所以攪亂我心而已

○爾之安行。亦不遑舍。(叶商居反) 爾之亟(紀力反) 行。遑脂爾車。壹者之來。云何其盱。(況于反)

賦也。安徐。遑暇。舍息。亟疾。盱望也。字林云。盱張目也。易曰盱豫悔。三都賦云盱衡而語。是

也。○言爾平時徐行猶不暇息。而況亟行則何暇脂其車哉。今脂其車則非亟也。乃詑以亟行而不入見我。則非其情矣。何不一來見我。如何而使我望汝之切乎

音釋 盱豫 見豫卦六三。上視九四以取悅也。盱衡舉目揚眉也。眉上曰衡

○爾還而入。我心易也。(以豉反叶以支反) 還而不入。否難知也。壹者之來。俾我祇也

賦也。還反。易說。祇安也。○言爾之往也。既不入我門矣。儻還而入。則我心猶庶乎其說也。還而不入。則爾之心我不可得而知矣。何不一來見我而使我心安乎。董氏曰。是詩至此。其益緩若不知為譖矣

○伯氏吹壎況袁反仲氏吹篪音池及爾如貫諒不我知出此三物以詛側助反爾斯叶先齎反

賦也伯仲兄弟也俱爲王臣則有兄弟之義矣樂器土曰壎大如鵝子銳上平底似稱錘六孔竹曰篪長尺四寸圍三寸七孔一孔上出徑三分凡八孔横吹之如貫如繩之貫物也言相連屬也諒誠也三物犬豕雞也刺其血以詛盟也○伯氏吹壎而仲氏吹篪言其心相親愛而聲相應和也與汝如物之在貫豈誠不我知而譖我哉苟曰誠不我知則出此三物以詛之可也

音釋 屬音燭應和並去聲

○爲鬼爲蜮音域則不可得有靦土典反面目視人罔極作此好歌以極反側

賦也蜮短狐也江淮水皆有之能含沙以射水中人影其人輒病而不見其形也靦面見人之貌也好善也反側反覆不正直也○言汝爲鬼爲蜮則不可得而見矣汝乃人也靦然有面目與人相視無窮極之時豈其情終不可測哉是以作此好歌以究極爾反側之心也

何人斯八章章六句

此詩與上篇文意相似疑出一手但上篇先刺聽者此篇專責讒人耳王氏曰

暴公不忠於君。不義於友。所謂大故也
故蘇公絶之。然其絶之也。不斥暴公。言
其從行而已。不著其譖也。示以所疑而
已。既絶之矣。而猶告以壹者之來。俾我
祇也。蓋君子之處己也忠。其遇人也恕
使其由此悔悟。更以善意從我。固所願
也。雖其不能如此。我固不爲已甚。豈若
小丈夫然哉。一與人絶。則醜詆固拒。唯
恐其復合也。【音釋】復。扶又反

萋（七西反）兮斐（孚匪反）兮。成是貝錦。彼譖人者。
亦已大（音泰）甚（食荏反）

比也。萋斐。小文之貌。貝。水中介蟲也。有文彩
似錦。○時有遭讒而被宮刑爲巷伯者作此
詩。言因萋斐之形。而文致之以成貝錦。以比
讒人者因人之小過。而飾成大罪也。彼爲是
者。亦已大甚矣

哆（昌者反）兮侈（尺是反）兮。成是南箕。彼譖人
者。誰適（丁歷反。下同）與謀（叶謨悲反）

比也。哆侈。微張之貌。南箕。四星。二爲踵。二爲
舌。其踵狹而舌廣。則大張矣。適。主也。誰適與
謀。言其謀
之闊也

○緝緝（七立反）翩翩（音篇。叶批賓反）。謀欲譖人。慎爾
言也。謂爾不信（叶斯人反）

賦也。緝緝，口舌聲。或曰緝緝，人之罪也。或曰有條理貌。皆通。翩翩，往來貌。譖人者自以爲得意矣。然不慎爾言，聽者有時而悟，且將以爾爲不信矣。

○捷捷幡幡（芳煩反，叶芬邅反），謀欲（[illegible]）譖言。豈不爾受，既其女（音汝）遷。

賦也。捷捷，儇利貌。幡幡，反覆貌。王氏曰：上好譖，則固將受女。然好譖不已，則遇譖之禍亦既遷而及女矣。曾氏曰：上章及此，皆忠告之詞。

○驕人好好，勞人草草（[illegible]）。蒼天蒼天（叶鐵因反），視彼驕人，矜此勞人。

賦也。好好，樂也。草草，憂也。驕人，譖行而得意。勞人，遇讒譖而失度。其狀如此。

○彼譖人者（叶掌與反），誰適與謀（叶滿補反）。取彼譖人，投畀豺（士皆反）虎。豺虎不食，投畀有北。有北不受（叶承呪反），投畀有昊（叶許倏反）。

賦也。再言彼譖人者誰適與謀者，甚嫉之。故重言之也。或曰衍文也。投，棄也。北，北方寒涼不毛之地也。不食不受，言讒譖之人，物所共惡也。昊，昊天也。投畀昊天，使制其罪。○此皆設言以見欲其死亡之甚也。故曰好賢如緇衣，惡惡如巷伯。

○楊園之道，猗（於綺反）于畝丘（叶袪[illegible]反）。寺人孟

子作爲此詩凡百君子敬而聽之

興也。楊園下地也。猗加也。畝丘高地也。寺人內小臣。蓋以讒被宮而爲此官也。孟子其字也○楊園之道而猗于畝丘以興賤者之言或有補於君子也。蓋譖始於微者而其漸將及於大臣。故作詩使聽而謹之也。劉氏曰。其後王后太子及大夫果多以讒廢者

巷伯七章四章章四句一章五句一章八句一章六句

巷是宮內道名。秦漢所謂永巷是也。伯長也。主宮內道官之長。即寺人也。故以名篇。班固司馬遷贊云。迹其所以自傷悼。小雅巷伯之倫。其意亦謂巷伯本以被譖而遭刑也。而楊氏曰。寺人。內侍之微者。出入於王之左右。親近於王而日見之。宜無間之可伺矣。今也亦傷於讒。則疏遠者可知。故其詩曰凡百君子。敬而聽之。使在位知戒也。其說不同。然亦有理。姑存於此云

習習谷風維風及雨將恐丘勇反將懼維予與女音汝將安將樂音洛女轉棄予叶演女反

興也。習習和調貌。谷風東風也。將且也。恐懼謂危難憂患之時也○此朋友相怨之詩。故言習習谷風則維風及雨矣。將恐將懼之時則維予與女矣。奈何將安將樂而女轉棄予哉

○習習谷風。維風及頹(徒雷反)。將恐將懼。寘(之豉反)予于懷(叶胡隈反)。將安將樂。棄予如遺(叶夷回反)

興也。頹。風之焚輪者也。寘與置同。置于懷。親之也。如遺。忘去而不復存省也

[音釋]爾雅。焚輪謂之頹。注。暴風從上下。蹴回風從上下

○習習谷風。維山崔(徂回反)嵬(五回反)。無草不死。無木不萎(叶於回反)。忘我大德。思我小怨(叶韻未詳)

比也。崔嵬。山巔也。○習習谷風。維山崔嵬。則風之所被者廣矣。然猶無不死之草無不萎之木。況於朋友。豈可以忘大德而思小怨乎。或曰興也

谷風三章章六句

蓼蓼(音六)者莪(五河反)。匪莪伊蒿(呼毛反)。哀哀父母。生我劬勞

比也。蓼。長大貌。莪。美菜也。蒿。賤草也。○人民勞苦。孝子不得終養而作此詩。言昔謂之莪而今非莪也。特蒿而已。以比父母生我以爲美材。可賴以終其身。而今乃不得其養以死。於是乃言父母生我之劬勞而重自哀傷也

[音釋]養(于亮反)重(直用反)

○蓼蓼者莪。匪莪伊蔚。音尉哀哀父母。生我勞瘁。以醉反

比也。蔚。牡菣也。三月始生。七月始華。如胡麻華而紫赤。八月爲角。似小豆角。銳而長。瘁。病也。

【音釋】菣。去刃反

○缾之罄矣。維罍之恥。鮮息淺反民之生。不如死之久叶舉里反矣。無父何怙。無母何恃。出則銜恤。入則靡至。

比也。缾小罍大。皆酒器也。罄。盡。鮮。寡。恤。憂。靡。無也。○言缾資於罍。而罍資缾。猶父母與子相依爲命也。故缾罄矣。乃罍之恥。猶父母不得其所。乃子之責。所以窮獨之民。生不如死也。蓋無父則無所怙。無母則無所恃。是以出則中心銜恤。入則如無所歸也。

○父兮生我。母兮鞠我。拊音撫我畜喜六反我。我長張丈反我育。我顧我復。出入腹我。欲報之德。昊天罔極。

賦也。生者。本其氣也。鞠。畜。皆養也。拊。循也。育。覆育也。顧。旋視也。復。反覆也。腹。懷抱也。罔。無。極。窮也。○言父母之恩如此。欲報之以德。而其恩之大。如天無窮。不知所以爲報也。

○南山烈烈。飄風發發。民莫不穀。我

獨何害（叶音曷）

興也。烈烈，高大貌。發發，疾貌。穀，善也。○南山烈烈，則飄風發發矣。民莫不善，而我獨何爲遭此害也哉。

○南山律律。飄風弗弗。（叶分聿反）民莫不穀。我獨不卒。

興也。律律，猶烈烈也。弗弗，猶發發也。卒，終也。言終養也。

蓼莪六章，章四句。二章章八句。

晉王裒以父死非罪，每讀詩至哀哀父母生我劬勞，未嘗不三復流涕。受業者爲廢此篇。詩之感人如此。

音釋

王裒，父儀，爲魏安東將軍司馬。東關之敗，昭問於衆曰：今日之事，誰任其咎。儀對曰：責在元帥。昭怒曰：司馬欲委罪於孤邪。遂引出斬之。

有饛（音蒙）簋（音軌）飧（音孫）。有捄（音求）棘匕（必履反）。周道如砥（之履反）。其直如矢。君子所履。小人所視（叶善止反）。睠（音眷）言顧之。潸（所奸反）焉出涕（音體）。

興也。饛，滿簋貌。飧，熟食也。捄，曲貌。棘匕，以棘爲匕，所以載鼎肉而升之於俎也。砥，礪石。言

平也。矢。言直也。君子。在位。履。行。小人。下民也
睠反。顧也。潸。涕下貌。○序以爲東國困於役
而傷於財。譚大夫作此以告病。言有饛簋飧
則有捄棘匕。周道如砥。則其直如矢。是以君
子履之。而小人視焉。今乃顧之而出涕者。則
以東方之賦役莫不由是而西輸於周也

○小東大東。叶都郎反杼直呂反柚音逐其空。叶枯郎反糾糾葛屨。可以履霜。佻佻徒彫反公子。行彼周行。叶戶郎反既往既來。叶六直反使我心疚。叶訖力反

賦也。小東大東。東方小大之國也。自周視之。
則諸侯之國皆在東方。杼。持緯者也。柚。受經
者也。空。盡也。佻。輕薄不奈勞苦之貌。公子。諸
侯之貴臣也。周行。大路也。疚。病也。○言東方

小大之國。杼柚皆已空矣。至於以葛屨履霜
而其貴戚之臣奔走往來不勝其勞使我心
憂而
病也

○有洌音列氿音軌泉。叶才句反無浸穫薪。契契苦計反寤歎。哀我憚丁佐反人。薪是穫薪。尚可載叶節力反也。哀我憚人。亦可息也

興也。洌。寒意也。側出曰氿泉。穫。艾也。契契。憂
苦也。憚。勞也。尚。庶幾也。載。載以歸也。○蘇氏
曰。薪已穫矣。而復漬之則腐。民已勞矣。而復
事之則病。故已艾則庶其載而畜之。已勞則
庶其息
而安之

【音釋】

艾。音乂。幾。平
聲。復。扶又反

○東人之子。職勞不來。（音賚。叶六直反）西人之子。粲粲衣服。（叶蒲北反）舟人之子。熊羆是裘。（叶渠之反）私人之子。百僚是試。（叶申之反）

賦也。東人。諸侯之人也。職。專主也。來。慰撫也。西人。京師人也。粲粲。鮮盛貌。舟人。舟楫之人也。熊羆是裘。言富也。私人。私家皂隸之屬也。僚。官。試。用也。舟人。私人。皆西人也。○此言賦役不均。羣小得志也

○或以其酒。不以其漿。鞙鞙（胡犬反）佩璲（音遂）。不以其長。維天有漢。監（古暫反）亦有光。跂（丘豉反）彼織女。終日七襄。

賦也。鞙鞙。長貌。璲。瑞也。漢。天河也。跂。隅貌。織女。星名。在漢旁。三星跂然如隅也。七襄。未詳。傳曰反也。箋云駕也。駕謂更其肆也。蓋天有十二次。日月所止舍。所謂肆也。經星一晝一夜左旋一周而有餘。則終日之間。自卯至酉。當更七次也。○言東人或饋之以酒。而西人曾不以爲漿。東人或與之以鞙鞙然之佩。而西人曾不以爲長。維天之有漢。則庶乎其有以監我。而織女之七襄。則庶乎其能成文章以報我矣。無所赴愬。而言惟天庶乎其恤我耳

音釋 更。古行反

○雖有七襄。不成報章。睆（華板反）彼牽牛。

不以服箱。東有啓明。西有長庚。叶古郎反有捄天畢。載施之行。叶戶郎反

賦也。睆、明星貌。牽牛、星名。服、駕也。箱、車箱也。啓明長庚、皆金星也。以其先日而出。故謂之啓明。以其後日而入。故謂之長庚。蓋金水二星常附日行。而或先或後。但金大水小。故獨以金星爲言也。天畢、畢星也。狀如掩兔之畢。行、行列也。○言彼織女不能成報我之章。牽牛不可以服我之箱。而啓明長庚天畢者亦無實用。但施之行列而已。至是則知天亦無若我何矣。

○維南有箕。不可以簸波我反揚。維北有斗。不可以挹音揖酒漿。維南有箕。載翕其舌。許急反維北有斗。西柄之揭。音訐

賦也。箕斗二星。以夏秋之閒見於南方。云北斗者。以其在箕之北也。或曰。北斗常見不隱者也。翕、引也。舌、下二星也。南斗柄固指西。若北斗而西柄。則亦秋時也。○言南箕旣不可以簸揚糠粃。北斗旣不可以挹酌酒漿。而箕引其舌。反若有所吞噬。斗西揭其柄。反若有所挹取於東。是天非徒無若我何。乃亦若助西人而見困。甚怨之詞也。

大東七章章八句

四月維夏。叶後五反六月徂暑。先祖匪人。胡

寧忍予 叶演女反

興也。徂，往也。四月六月，亦以夏正數之，建巳建未之月也。○此亦遭亂自傷之詩，言四月維夏，六月徂暑矣，我先祖豈非人乎，何忍使我遭此禍也。無所歸咎之詞也。

○秋日淒淒 七西反，百卉 許貴反 具腓 芳非反。亂離瘼 音莫 矣，爰 家語作奚 其適歸。

興也。淒淒，涼風也。卉，草。腓，病。離，憂。瘼，病。奚，何。適，之也。秋日淒淒，則百卉俱腓矣。亂離瘼矣，則我將何所適歸乎哉。

○冬日烈烈，飄風發發。民莫不穀，我獨何害 叶音曷。

興也。烈烈，猶栗烈也。發發，疾貌。穀，善也。○夏則暑，秋則病，冬則烈。言禍亂日進，無時而息也。

○山有嘉卉，侯栗侯梅 叶莫悲反。廢為殘賊，莫知其尤 叶于其反。

興也。嘉，善。侯，維。廢，變。尤，過也。○山有嘉卉，則維栗與梅矣。在位者變其殘賊，則誰之過哉。

○相 息亮反 彼泉水，載清載濁 叶殊玉反。我日構禍，曷云能穀。

興也。相視載則構合也。○相彼泉水。猶有時而清。有時而濁。而我乃日日遭害。則曷云能善乎。

○滔滔（吐刀反）江漢。南國之紀。盡瘁以仕。寧莫我有（叶羽已反）。

興也。滔滔。大水貌。江漢二水名。紀。綱紀也。謂經帶包絡之也。瘁。病也。有。識有也。○滔滔江漢。猶爲南國之紀。今也盡瘁以仕。而王何其不我有哉。

音釋 識音志

○匪鶉（徒丸反）匪鳶（以專反叶以旬反）。翰飛戾天（叶鐵因反）。匪鱣（張連反）匪鮪（于軌反）。潛逃于淵（叶一均反）。

賦也。鶉。鵰也。鳶。亦鷙鳥也。其飛上薄雲漢。鱣鮪。大魚也。○鶉鳶則能翰飛戾天。鱣鮪則能潛逃于淵。我非是四者。則亦無所逃矣。

○山有蕨薇。隰有杞桋（音夷）。君子作歌。維以告哀（叶於希反）。

興也。杞。枸檵也。桋。赤楝也。樹葉細而岐銳。皮理錯戾。好叢生山中。中爲車輞。○山則有蕨薇。隰則有杞桋。君子作歌。則維以告哀而已。

音釋 枸檵音苟計。楝所革反。爾雅。白曰楝。亦楝則桋。好呼報反。輞音罔。車輪之牙。牙音訝。

四月八章章四句

小旻之什十篇六十五章四
百十四句

詩卷之十二

